要保護児童対策調整機関専門職 研修テキスト

基礎自治体職員向け

金子恵美
〈編集代表〉

佐竹要平／安部計彦／藤岡孝志／増沢 高／宮島 清
〈編集〉

明石書店

刊行にあたって

　深刻化する児童虐待に対応するために、法制度の改正及び新たな施策が推し進められている。しかし児童相談所における児童虐待相談件数は増加し続け、社会全体でとりくむ重要な課題となっている。その対応の最前線に立つのは、児童福祉司及び要保護児童対策地域協議会調整担当者である。これら専門職は、子どもの最善の利益を第一義的に重視するために、まずは親子が地域で共に生活するための支援を模索する。しかし現実には相反する事態が生じる中で、対応には葛藤や混迷が存在する。これを乗り越えて、子どもを守るために、専門性のさらなる向上が不可欠となっている。

　2016年5月27日に成立した「児童福祉法等の一部を改正する法律」(平成28年法律第63号)では、児童相談所及び市町村(特別区を含む。以下同じ)の専門性強化を図る観点から、児童福祉司等について、厚生労働大臣が定める基準に適合する研修等の受講が義務付けられた。これを踏まえ、児童福祉司等に義務付けられた研修等の内容、実施体制等を構築するため、厚生労働省雇用均等・児童家庭局長(現子ども家庭局長)が開催する「子ども家庭福祉人材の専門性確保ワーキンググループ」において、児童相談所等の専門性強化を図るための検討を行い、研修等の到達目標やカリキュラム等が策定された。このカリキュラム等を基に、研修等の基準等について、平成29年厚生労働省告示第130号、同第131号、同第132号、同第134号において定められた。さらに、自治体における研修等の実施にあたっての参考とするため、研修等の詳細について、平成29年3月31日付の厚生労働省雇用均等・児童家庭局長第16号通知「児童福祉司等及び要保護児童対策調整機関の調整担当者の研修等の実施について」が示された。2017年度より義務化された研修は、この通知に示された到達目標及びカリキュラム等に基づき、都道府県、指定都市、児童相談所設置市が実施している。

　本著は、この義務化された研修について、内容の充実と共有化を図るために、通知に示された科目・細目について、共通して修得する知識(ミニマム)を示す「標準テキスト」として作成した。方法として、全国から研究者、実践者を招聘して研究会を開催し、テキストの内容に関して検討した。多くの学ぶべき内容のうち、限られた時間内で教授する内容について簡潔に整理した。さらにそれぞれが執筆した原稿について、研究会において検討し、精査した。

研修は、①児童福祉司任用前講習会、②児童福祉司任用資格後研修、③要保護児童対策調整機関調整担当者研修――の3種類である。

　なお、本テキストの内容は、厚生労働省の平成29年度子ども・子育て支援推進調査研究事業「児童福祉司等の義務研修テキスト作成に関する調査研究」の報告書に加筆・修正を行い2019年3月時点のものとなっている。研修への活用に際しては、最新の法改正や通知等に留意して用いていただきたい。

　本テキストでは、地域ごとの状況の違いや研修時間の制限を考慮して、ミニマムな知識に限定して記載した。また、教授方法については、各研修・講師のオリジナルを尊重することとして、ふれていない。

　本テキストについて、忌憚のないご意見をいただき、また研修内容を検討する際の素材としていただくことで、研修の標準化と質向上の一助となること、それが子どもの幸せと命を守ることにつながることを願っている。

編集代表　金子恵美

最近の子ども家庭相談・虐待対応システムに関する国の動向

1　はじめに

　2004年の児童福祉法の改正により、2005年から子ども家庭相談は市町村の業務と義務化され、要保護児童や子ども虐待を疑われる場合の通告先になった。それまで児童相談所で対応していたこれらの業務の移行に当初は大きな戸惑いがみられたが、10年以上経過した現在では、各市町村とも「自分たちの業務」として取り組むようになった。
　一方、この間も全国の児童相談所での虐待対応件数は増加の一途をたどっており、市町村、児童相談所とも、現状の体制では対応の限界がみられていた。

2　2016年児童福祉法改正

　児童福祉法は、これまでもたびたび改正されてきたが、2016年の改正は1947年の法律制定以来となる抜本的な改正が行われた。
　日本は国連の「子どもの権利条約」を20年以上前に批准しており、国内法は同条約に従った内容になっている。しかし法律で「子どもの権利」が明記されたものはなかった。今回の児童福祉法改正では、第1条に「子どもの権利」が明記された。その結果、以後の国における子ども家庭相談や虐待対応システムの検討においては、常に「全国どの地域においても、同じように子どもの権利が守られる仕組み」作りが要請されることになった。
　また虐待対応においても、それまでの早期発見・早期対応により適切に対応を行おうとする事後的対応から、子育て支援の充実等により虐待の発生を少なくする予防型の対応に重点を移すことになった。

3　市町村子ども家庭支援指針と要対協調整機関専門職義務研修

　2016年児童福祉法改正の施行に対応するため2017年3月に6つの通知が発出された。
　このうち市町村子ども家庭支援指針は、2005年に出された市町村児童家庭相談援助指針を全面的に改めたものである。2005年の子ども家庭相談の市町村移行に伴って制定された児童家庭相談援助指針は、ほとんどの記述が児童相談所運営指針と同様の内容であっ

た。その理由として、当初は厚生労働省も市町村がどのように子ども家庭相談を行うか、想像できなかったためと思われる。しかし10年以上の市町村の努力と工夫により、さまざまな知見が蓄積され、児童相談所とは違う市町村の役割や運営が徐々に明確になった。今回制定された子ども家庭支援指針には、それらの知見が多く含まれ、児童相談所とは違う市町村の役割が明確に記述されている。特に児童相談所との関係については、役割分担よりも「協働、連携」が重視されている。

しかし全国的に見れば、市町村の人員体制や力量にバラツキが大きいことが指摘されている。その打開策として2016年の児童福祉法改正では、要保護児童対策地域協議会の調整機関に専門職配置を義務付けると同時に、その専門職に研修を義務付けた。その内容が本書であるが、これにより市町村における子ども家庭相談の質を担保しようとしたと思われる。

4　新しい社会的養育ビジョン

厚生労働省に設置されていた新たな社会的養育の在り方に関する検討会は、2017年8月に厚生労働大臣に「新しい社会的養育ビジョン」を提出した。

それまでは「社会的養護」として、主に親と暮らせない子どもを里親や乳児院、児童養護施設等で、どのように養育するかが課題であった。しかしこのビジョンでは分離前の在宅家庭への支援まで視野を広げた「社会的養育」という概念を提起し、在宅家庭への市町村での支援の重要性を強調している。また里親への推進を含め、ビジョンに示された内容の達成までの工程（期限）を明示したのも画期的であった。

ただ、関係団体との意見交換や調整等は行われないまま発表されたため、その実現を疑問視する声が地方自治体や施設団体から多く出され、一方、里親や研究者からは歓迎する声もあり、賛否両論であった。

5　社会的養育に関する都道府県推進計画

社会的養育ビジョンの実現に向けて厚生労働省は2018年7月に、各都道府県ごとに5年先、10年先に至る社会的養育に関する推進計画の策定を義務付けた通知を発出した。

策定すべき10項目は、おおむね先の社会的養育ビジョンに沿っており、国はビジョンの内容の実現を目指すが、都道府県は各地の状況にも考慮した内容とすることは認めた。ただ、その計画には到達時の数値目標を明示することを求めると同時に、厚生労働省で全国の進捗状況は公表するとしており、都道府県では国や他の自治体の動向に配慮しな

がら現在準備を進めている。

　なお推進すべき項目の一つが市町村の子ども家庭相談体制の整備である。もちろん都道府県の推進計画であるが、各市町村の意向を無視して計画を策定できないので、市町村の意向調査と推進に向けた協議が行われている。

6　緊急総合対策と新プラン

　2018年3月に起こった5歳児の死亡事件は大きな社会問題になり、2018年7月に閣議決定として「児童虐待防止対策の強化に向けた総合対策」が出され、転居時の情報共有のあり方などが提示され、年内に児童相談所や市町村の体制強化策をまとめるとした。

　そして2018年12月に「児童虐待防止体制総合強化プラン」が関係府省庁連絡会議より出され、児童福祉司の2,000人増員、市町村での子ども家庭総合支援拠点や子育て世代包括支援センターなどの2022年までの全市町村配置が決まった。総務省は地方分権の立場から地方自治体を拘束する人員配置規制には一貫して反対してきたが、子ども虐待防止という国全体の目的達成のために承諾したと推察される。

7　社会保障審議会社会的養育専門委員会ワーキング

　2016年の児童福祉法改正の際の附帯事項として2年後までに検討されるべきとされた事項について、社会保障審議会社会的養育専門委員会はワーキンググループを設置し、7回にわたって検討を行った。

　その中には、児童相談所の介入と支援機能の機能分化や通告先の一元化といった、これまでの児童相談所の体制を大きく変える可能性のある項目もあったが、結果的には現状をより機能強化することとして、激変は避けられた。

　ただ、児童相談所だけでなく市町村を含めて対応職員の専門性の向上とスーパーバイザーを含めた計画的な人材育成の必要性が強く求められた。

西南学院大学教授　安部計彦

実践力を向上させるために必要なもの
演習、事例検討、ロールプレイ

　2018年12月18日、国の「児童虐待防止対策に関する関係府省庁連絡会議」は「児童虐待防止対策体制総合強化プラン」を決定した。この計画では、2022年度までに①児童相談所の専門職員を2017年度の実績に対して2,890人増やすこと。（児童福祉司3,240人から5,260人へ、児童心理司1,360人から2,150人へ、保健師140人から210人へ）②2018年度では106市町村に留まっていた子ども家庭総合支援拠点をすべての市町村に設置すること。③すべての市町村に要保護児童対策地域協議会調整機関の常勤調整担当者を配置すること。等の目標が盛り込まれた。この計画を成功させるためには、数の充足だけではなく、質の確保が重要である。すなわち、実践力のある人材の確保、定着、育成が錠となる。

　さて、これに関して新たな国家資格を創設すべきだという意見があるが、筆者はこれには否定的である。その理由は、資格化すれば、さまざまな問題が俄かに解決するかのような幻想が広まることを恐れるからである。社会福祉士という国家資格が創設されて定着するまでには20年以上が必要だった。それでも、2018年度現在児童福祉司の内社会福祉士の資格所持者は4割に留まっている。市町村職員での同資格所持者は極めて低い。この国の児童虐待対策は、人と予算の確保が極めて不十分でマニュアルの作成や権限などを与えるばかりだった。その結果実践現場を振り回すことを繰り返してきた。これへの反省がないままに、新しい資格を作ったところで、本当に必要なものが形になるとは思えない。資格化がどうしても必要だというのであれば、政治力に寄り頼むのではなく、現場で地道に取り組んできた人々の中にある知見にこそ目を向けるべきである。後にできた精神保健福祉士は、現場からの発信によって、社会福祉士資格ができた後に、社会福祉士と同じソーシャルワークの共通基盤の上に立ち上げられた新たな資格である。そのことが、今の動きとは大きく異なることを押さえておきたい。

　今、求められることは、先に記したように、政府がはじめて本格的に取り組んだとも言える市町村と児童相談所の体制の強化の計画を成功させることである。そのためには、まずすでに義務化されている市町村の要保護児童対策地域協議会の調整担当者の研修、児童相談所の児童福祉司の任用前研修・同任用後研修、児童相談所スーパーバイザー研修の質を高め、これをさらなる実践力の向上に資するものとして充実させることであろう。

＜実践力の土台を据えること＞

　「実践と理論とは違う」という言葉がある。しかし、理論と無関係な仕事には、「実践」という言葉はあてられない。「デジタル大辞泉」(2018年4月閲覧)は、理論とは、「個々の現象を法則的、統一的に説明できるように筋道を立てて組み立てられた知識の体系。また、実践に対応する純粋な論理的知識」のことを言い、「理論を組み立てる」「理論どおりにはいかない」という用例を挙げている。そして、同辞典によれば、実践とは、「"主義・理論などを実際に自分で行うこと"であり、"理論を実践に移す"というように用いられ、実践・実行・実施が、いずれも"実際に行う"意で用いられるが、"実践"は理論・徳目などを、みずから実際に行う場合に多く使うのに対して、"実行"は最も普通に使われるが、"親孝行の実践"に、"実行"を用いると不自然な感じになるように倫理的な事柄についてはあまり用いられず、"実施"は、あらかじめ計画された事・行事などを実際に行う意で、"減税計画を実施する"などの場合に用いる」とされている。

　理論を学ぶためにテキストを読み進め、講義科目に耳を傾けることは、時に退屈かも知れない。しかし、そこには、先人たちから受け継がれた知見がある。生じている問題をどのように捉えるのか、最悪をどうすれば避けられるのか、どのようにすれば当事者や関係者の参加を促し、彼らの力を結集できるのか、すべてを貫くべき人権の尊重という価値を、実際の個人の関わりや組織としての権限行使にあったって、どう適用したらよいのか、当事者や支援者が活用できる制度・政策や社会資源にはどのようなものがあるか。これらについて綴られた言葉や、図表にまとめられた内容を確認することは、日々の実践の中で、小さく軽くなってしまった理論の存在感を回復させ、崩れてしまった理論と実践のバランスを取り戻させ、得ている知識をアップデートしてくれるものであり、実践力を向上させ、現場実践を変革するために欠かせないものである。

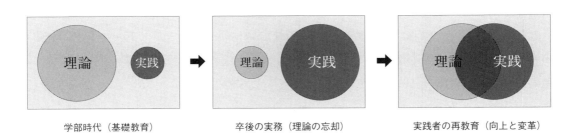

図表1　基礎教育とリカレント教育との違い　（出典：筆者の勤務校の入試関係資料を一部改変）

＜土台の上に、実践力を築くために必要なこと＞

　上記図表1からも分かるように、実践者の学びの強みは、理論を日々の実践や今まで経

験してきたものと照らし合わせて理解し直すことができること、逆に、理論を実践とを重ね合わせて、理論を用いて実践を捉え直せることにある。そして、実際にどのように行動すれば良いかを、どのようなことが妨げになるか、見落としや捉え方・対応の誤りがどのような構造で生じうるか等を含めて、様々な視点から、自ら考え、講師とやりとりをし、他の受講者とともに意見を交換しながら深められることにある。

その意味で、リカレント教育では、講師から一方的に講義を受けるということではなく、講師と受講者との対話や受講生同士で行う討論、模擬事例を用いた演習、実際の支援の場面を切り取ったうえで演じ、その内容を振り返り、そこでの気づきなどを分かち合うロールプレイ型の演習、さらには、自ら取り組んできた実践事例をまとめたうえで、その内容を様々な角度から省察してみる「実践研究」などにより構成することが重要であり、学びにおけるそれらの占める割合を高めて行くことが必要である。

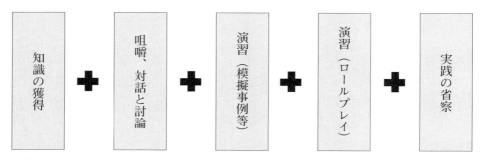

図表2　ソーシャルワーカーの再教育において必要な学びの構成要素（スタイル）

注：実践の省察には、「調べる」「分析する」「まとめる」「報告する」を含む。また、スーパービジョン（同一の専門職から受けるもの、専門性が異なるものから受けるもの）を受けることも欠かせない。筆者の勤務校では、これを「実践研究」と呼んでいる。

＜模擬事例を用いた演習の例＞

最後に、筆者が、勤務校の講義や子どもの虹研修情報センター等で行った研修（演習）の際に用いてきた模擬事例を二つ紹介しておこう。いずれも、実事例の本質を変えずに、匿名化、改変、合成を施した架空事例である。これらの事例を示し（5分余）、①参加者に個人で検討してもらう（5分）、②その内容を5～6人のグループで共有しながら深めてもらう（10分余）、③2～3のグループに報告してもらう（5分余）、④理論から導き出されるものや講師の視点などを紹介したうえで全体で意見交換をする（10分）という作業を繰り返す。3時間の演習で取り上げられる事例数は4～5例である。この演習の主な狙いは、多様な視点があることに気づくことと、支援とは、最悪を回避しながら、当事者と関係者とともに、当事者（まずは、子ども。その次に家族）の福祉をどうすれば実現できるか

を探求するプロセスであることを体験することである。

日本社会事業大学専門職大学院教授　宮島　清

模擬事例1

保育所から、連絡はするが児童虐待としての調査や聞き取りはしないで欲しいと要請された事例

- 4歳の女児について保育所から午後2時に連絡がありました。
- 内容は、「女児は朝、母親に送られて登園したが、その時の母子の様子が明らかに変だった。そして女児の首にはうっすらと赤い指の跡があった。母親からは、『朝、登園前に、子どもが言うことを聞かないので、首を絞めてしまった。』と話しがあった。母親は、何かがあると自分からそれを話すが、反省しているというよりは、『自分のやってしまったことは悪いことだが、理由もある。それを認めて欲しい。』という気持ちの勝る人だ。このため、母親を不安定にさせないように細心の注意を払って主に園長が支え続けている。保育所としては、これを報告はするが、保育所から児童虐待の通告があったとして、母親からも子どもからも聞き取りをするようなことはしないで欲しい。」というものでした。
- 家族構成は、女児と母親の他に、女児の父親が同居しています。母親の年齢は35歳、父親の年齢は39歳で、アパートに住んでいます。

問：あなたが市町村の児童福祉担当部署の職員だったら、どのように対応しますか？

模擬事例2

学校と保育所から通告があり、「保護者にどう自覚してもらうか」が「個別ケース検討会」で協議された事例

倉庫内仕分け作業、配達等月5万円程度？
元会社員
時間の自由がきく仕事、低収入
数年前に死別
公営住宅に居住
2年前に他市から転入
10　小学校4年生
5　保育所在
※事例の本質を残し、他を省略改変して作成した架空事例である

1. 兄の服がボロボロ、着替えが無い、入浴していない
2. 妹も同様に不潔で入浴しておらず、髪の毛がベタついている
3. 父の態度は丁寧、要望すればキリギリのことはする
4. 子どもは父親のことが好きで、父も子どもへの思いはありそう。食事はしている
5. 父に、連絡をすると「相談に伺います」というが、実際には来ない。留守電の返信もない
6. 家の中を見せたがらない

ア　支援の方向は？具体的に。
イ　最も注意すべきことは？
＊皆さんが描いたケース像を元に検討

目　次

刊行にあたって …………………………………………………………………………… 3
最近の子ども家庭相談・虐待対応システムに関する国の動向 ……………………… 5
実践力を向上させるために必要なもの　演習、事例検討、ロールプレイ ………… 8

I　子どもの成長・発達と生育環境

- ❶ 子どもの成長・発達の特性 …………………………………………………… 21
- ❷ 生育環境とその影響 …………………………………………………………… 21
- ❸ 子ども及び保護者の精神や発達等の状況 …………………………………… 22

II　子どもの生活に関する諸問題

- ❶ いじめ、子どもの貧困等の社会的問題 ……………………………………… 27
- ❷ 非行、ひきこもり、不登校、家庭内暴力、自殺等の行動上の問題 ……… 27

III　子どもと家族の暮らしに関する法令と制度の理解と活用

- ❶ 子ども・子育て支援制度 ……………………………………………………… 31
- ❷ ひとり親家庭の支援制度 ……………………………………………………… 32
- ❸ 子ども・若者支援制度 ………………………………………………………… 33
- ❹ 障害に関する法令と制度 ……………………………………………………… 34
- ❺ 障害種別と障害支援区分 ……………………………………………………… 34
- ❻ 生活保護制度・低所得者対策制度 …………………………………………… 35

IV 子ども家庭相談援助制度及び実施体制

- ❶ 子ども家庭の問題に関する現状と課題 …………………… 41
- ❷ 子ども家庭福祉に関する法令及び制度 …………………… 41
- ❸ 国、都道府県（児童相談所）、市区町村の役割 ………… 42

V 子どもの権利擁護と倫理

- ❶ 子どもの権利の考え方 ……………………………………… 45
- ❷ 児童福祉法にみる子ども家庭福祉の理念 ………………… 45
- ❸ 児童の権利に関する条約 …………………………………… 46
- ❹ 国際連合「児童の代替的養護に関する指針」…………… 47
- ❺ 子どもの権利侵害 …………………………………………… 48
- ❻ 子ども家庭福祉における倫理的配慮 ……………………… 48
- ❼ 記録の取り方・管理 ………………………………………… 49
- ❽ 個人情報の取り扱い ………………………………………… 50

VI 子ども家庭支援のためのソーシャルワーク

- ❶ ソーシャルワークとは ……………………………………… 55
- ❷ ソーシャルワークの歴史 …………………………………… 55
- ❸ ソーシャルワークの原理と倫理 …………………………… 56
- ❹ ソーシャルワークの方法 …………………………………… 57
- ❺ ソーシャルワークの方法論に基づいた子ども・家庭支援のあり方 ……… 58
- ❻ ケースに関する調査のあり方 ……………………………… 59
- ❼ 子ども・親・妊婦・家族、地域のアセスメント ………… 60
- ❽ 子ども・家族とその関係性のアセスメント ……………… 60
- ❾ ケースの問題の評価の方法 ………………………………… 61
- ❿ 支援計画の立て方 …………………………………………… 62

- ⓫ ケースの進行管理・再評価 …………………………………………… 62
- ⓬ チームアプローチ ……………………………………………………… 63
- ⓭ ケースカンファレンス（事例検討） …………………………………… 63
- ⓮ 妊娠期におけるソーシャルワーク ……………………………………… 64

Ⅶ 子ども虐待対応

- ❶ 子ども虐待の一般的知識（現状と課題を含む） ………………………… 69
- ❷ 子ども虐待対応の基本原則（基本事項） ………………………………… 70
- ❸ 子ども虐待の発生予防 …………………………………………………… 71
- ❹ 子ども虐待における早期発見・早期対応 ……………………………… 72
- ❺ 通告の受理、安全確認 …………………………………………………… 72
- ❻ 通告時の聞き取り方 ……………………………………………………… 73
- ❼ 通告時の危機アセスメント、初期マネージメント …………………… 73
- ❽ 調　査 ……………………………………………………………………… 76
- ❾ 子ども虐待における保護・支援（在宅支援・分離保護・養育・家庭支援） … 77
- ❿ 子ども虐待事例のケースマネージメント（アセスメント・プランニング）… 78
- ⓫ 子ども虐待の重大な被害を受けた事例（死亡事例を含む）の検証の理解 … 78
- ⓬ 虐待・ネグレクトが子どもに与える心理・行動的影響 ……………… 79
- ⓭ 子ども虐待事例の心理療法 ……………………………………………… 80
- ⓮ 事実や所見等に基づく虐待鑑別・判断 ………………………………… 80
- ⓯ 被害事実確認面接についての理解 ……………………………………… 81
- ⓰ 警察・検察など関係機関との連携の必要性・あり方 ………………… 82
- ⓱ 特別な支援が必要な事例（代理によるミュンヒハウゼン症候群（MSBP）、医療ネグレクト等）の理解 ………………………………………………… 83
- ⓲ 乳児揺さぶられ症候群（SBS）、虐待による頭部外傷（AHT）への対応 …… 83
- ⓳ 性的虐待の理解と初期対応 ……………………………………………… 84
- ⓴ 性的虐待の調査、刑法改正 ……………………………………………… 85
- ㉑ 性的虐待被害児の理解と対応・治療 …………………………………… 86

- ㉒ 居住実態が把握できない児童への対応 ……………………………… 86
- ㉓ 無戸籍児童への対応 …………………………………………………… 87

Ⅷ 子ども家庭相談の運営と相談援助のあり方

- ❶ 子ども家庭相談の業務 ………………………………………………… 93
- ❷ 相談受理のあり方 ……………………………………………………… 93
- ❸ 支援決定の流れ ………………………………………………………… 94
- ❹ 保護者理解と支援 ……………………………………………………… 95
- ❺ 面接相談の方法と技術 ………………………………………………… 95
- ❻ 子どもの面接・家族面接・家庭訪問のあり方 ……………………… 96

Ⅸ 要保護児童対策地域協議会の運営

- ❶ 要保護児童対策地域協議会とは ……………………………………… 101
- ❷ 関係機関との適切な連携・協働（取り方・あり方）………………… 102
- ❸ 多機関ネットワーク …………………………………………………… 103
- ❹ 各関係機関の特徴と役割 ……………………………………………… 104
- ❺ 関係機関との協働と在宅支援 ………………………………………… 105
- ❻ 医療機関との連携 ……………………………………………………… 107
- ❼ 要保護児童対策地域協議会の運営・業務 …………………………… 108
- ❽ 関係機関への説明の理論性と正当性の必要性 ……………………… 109
- ❾ 調整機関の役割 ………………………………………………………… 109
- ❿ 他市区町村及び管轄外児童相談所との連携 ………………………… 110

Ⅹ 会議の運営とケース管理

- ❶ 個別ケース検討会議の効果的な実施・運営 ………………………… 115
- ❷ 進行管理を行う意義と目的 …………………………………………… 116

❸ 要保護児童対策地域協議会で扱うケースの管理 ……………………………… 117

XI 児童相談所の役割と連携

❶ 児童相談所の業務 …………………………………………………………… 121
❷ 児童相談所の組織と職員 …………………………………………………… 121
❸ 援助決定の流れ ……………………………………………………………… 122
❹ 市区町村子ども家庭相談と児童相談所との協働 ………………………… 124

XII 子どもの所属機関の役割と連携

❶ 学校組織 ……………………………………………………………………… 129
❷ 教育機関との連携のあり方 ………………………………………………… 129
❸ 保育所等の利用と連携のあり方 …………………………………………… 130
❹ 所属機関における特別なニーズのある子どもへの支援 ………………… 130

XIII 母子保健の役割と保健機関との連携

❶ 母子保健における視点 ……………………………………………………… 135
❷ 母子保健に関する法令と施策 ……………………………………………… 136
❸ 母子保健事業の展開と実務 ………………………………………………… 136
❹ 母子健康手帳の活用 ………………………………………………………… 137
❺ 特定妊婦の把握と支援 ……………………………………………………… 137
❻ 保健所・子育て世代包括支援センターとの連携のあり方 ……………… 138

XIV 社会的養護と市区町村の役割

❶ 社会的養護制度の概要 ……………………………………………………… 143
❷ 社会的養護制度（児童養護施設）………………………………………… 145

- ❸ 社会的養護制度（乳児院）……………………………………………………146
- ❹ 社会的養護制度（児童自立支援施設）………………………………………147
- ❺ 社会的養護制度（母子生活支援施設）………………………………………147
- ❻ 社会的養護制度（児童心理治療施設）………………………………………148
- ❼ 社会的養護制度（里親）………………………………………………………149
- ❽ 養子縁組制度……………………………………………………………………150
- ❾ 社会的養護における永続性・継続性を担保するソーシャルワークのあり方…………………………………………………………………………152
- ❿ 社会的養護における権利擁護（被措置児童等虐待、苦情解決、第三者評価）…153
- ⓫ 生活支援と治療的養育…………………………………………………………155
- ⓬ 年長児童の自立支援のあり方…………………………………………………155
- ⓭ 社会的養護と児童相談所等の関係機関との連携……………………………156
- ⓮ 移行期ケアのあり方……………………………………………………………156
- ⓯ ファミリーソーシャルワーク及び家庭復帰支援のあり方…………………157
- ⓰ 家庭復帰と市区町村の役割……………………………………………………157

資料集 ……………………………………………………………………………161

「児童福祉司等の義務研修テキスト作成に関する調査研究会」委員一覧 …188
「要保護児童対策調整機関専門職研修テキスト」執筆者一覧 ………………189

※本文中に通称で掲載している法律・制度等の正式名称は、p.165 に記載している。
　なお、本書の掲載内容は、2019 年 3 月末現在のものである。

I
子どもの成長・発達と生育環境

❶ 子どもの成長・発達の特性 ………………………………………… 21
❷ 生育環境とその影響 ………………………………………………… 21
❸ 子ども及び保護者の精神や発達等の状況 ………………………… 22

1 子どもの成長・発達の特性

　身長や体重について0〜18歳までの各年齢の平均値と、その平均値から上下にどの程度の隔たりがあるかを明らかにするための数値幅を示した曲線を成長曲線といい、身体発育・発達の指標として用いられる。また、身長や体重が時代（年代）とともに増加することを成長加速現象と呼び、身体発達や性的成熟の時期の加速化を発達加速現象と呼ぶ。

　運動発達や知的・精神発達には、順序性（つかまり立ち → ひとり歩き、感覚運動的知能 → 表象的知能）、方向性（頭部 → 脚部、躯幹運動〔中心〕発達 → 手先の〔末端〕発達）等の原理がある。

　また、特に発達初期において、ある時期の経験の効果が、それ以降の時期にはみられないほど大きい場合、その時期を臨界期という。例えば、言語の発達についても、養育者等からの語りかけを通して、生後6か月までに（母語に）典型的な音声を母語の典型として知覚する枠組みが脳にでき上がることなどがわかっている。

2 生育環境とその影響

　乳幼児期における安定的なアタッチメントの形成を基盤にして、子どもの社会性は発達する。子どもの情緒的な発達過程を理解する上で、最低限エリクソンのライフサイクル論は理解しておくことが望ましい。

　不適切な養育環境で育った子どもは、危機感や不安感を感じたときに安心感を回復できず、周囲に対する警戒心や攻撃性が高まり、さらに情動のコントロールも困難になる。

　幼児期後半から学童期になると、多動・衝動性の亢進や、他者との共感性が困難になるなど発達障害様の行動特性を示すことが多い。

　小学校中学年を迎えると、他児がギャンググループを形成し集団の凝集性が高まる中、情動のコントロールや他児との協調的な関わりが困難なため同年代集団から孤立してしまう。学業の遅れから劣等感も強くなる。教室内で過ごすことが困難となり、徐々に反社会的行動が目立つようになる。

思春期になると、大人に対する依存的な行動をとれなくなり、社会への不信感を基盤に反社会的行動に発展するか、家族や社会的な居場所のなさから抑うつ的となり、自傷行為・自殺企図・ひきこもり等の問題を呈することも多い。

3　子ども及び保護者の精神や発達等の状況

　子どもの知的障害、発達障害は個別性が高く、また、関係性の影響を受けやすく、保護者や支援者の関わりによって、その特徴が大きく変わっていく。障がいの早期発見、早期支援も大事であるが、「気になる子」という段階から丁寧に関わり、しかも、長期間見守ることも大事である。言葉の遅れ、感覚過敏、コミュニケーションの取れなさ、偏食等早い時期からの支援が可能となる。また、保護者自身の精神疾患、知的障害、発達障害等がある場合、直接会って子育て環境を支えるだけでなく、手紙、電話、メール等多様な手段を通して関わることが大事である。このことで、子育てが支えられていて、孤立していないという思いが持てるようになっていく。

　うつ傾向があったり、統合失調症等の保護者の場合、子どもは安全・安心の感覚が阻害される可能性がある。そのような場合、子どもへの個別的な支援を行うことで、子どもの安心感が得られたり、発達が促進されたりして、結果として、保護者と子どもとの関係が改善されることもある。また、子育て不安が高まり、親が不適切な言動をしてしまうこともある。家庭訪問による親支援では、支援者に対する拒否的態度、強い攻撃等もあるかもしれないので、根気強く関わることが支援者に求められる。その際、それらの拒否や攻撃こそ、育児不安や親自身の生い立ちの中での未整理な感情の表れと理解し、それらをしっかりと受け止め、少しずつ信頼関係を構築し、子育ての応援者であるとわかってもらう努力が必要となる。

引用・参考文献
- 数井みゆき・遠藤利彦編著『アタッチメント――生涯にわたる絆』ミネルヴァ書房 2005年。
  杉山登志郎編著『講座 子ども虐待への新たなケア』学研プラス 2013年。

さらに深く学ぶ人のために

❷ 相澤仁編集代表、奥山眞紀子編『生活の中の養育・支援の実際（やさしくわかる社会的養護シリーズ4)』明石書店 2013年。

II
子どもの生活に関する諸問題

- ❶ いじめ、子どもの貧困等の社会的問題 ……………………………… 27
- ❷ 非行、ひきこもり、不登校、家庭内暴力、自殺等の行動上の
  問題 ………………………………………………………………………… 27

1 いじめ、子どもの貧困等の社会的問題

　子どもの貧困率は、国民全体の所得額の中央値の半額以下である相対的貧困世帯で暮らす子どもの比率を示す。2016年の厚生労働省の国民生活基礎調査で2015年には13.9％と深刻な事態である。特に、同年のひとり親家庭の子どもの貧困率は50.8％と二世帯に一世帯は相対的貧困状況にある。この状況の中で子どもの貧困対策の推進に関する法律が2014年1月に施行された。

　2011年の滋賀県大津市のいじめ自殺事件がきっかけになり、2013年にいじめ防止対策推進法が成立した。法の中でいじめの定義は「児童等に対して、当該児童生徒が在籍する学校に在籍している等当該児童等と一定の人的関係にある他の児童等が行う心理的又は物理的な影響を与える行為（インターネットを通じて行われるものを含む）であって、当該行為の対象となった児童等が心身の苦痛を感じているもの」と定められた。平成28年度のいじめの認知件数は、小学校237,921件、中学校71,309件、高等学校12,874件、特別支援学校1,704件。全体では、323,808件である。

2 非行、ひきこもり、不登校、家庭内暴力、自殺等の行動上の問題

　2016年文部科学省は、「不登校児童生徒への支援の在り方について」を通知した。その中で強調されたのは、「学校に登校する」という結果のみを目標にするのではなく、児童生徒が自らの進路を主体的に捉えて、社会的に自立することを目指す必要があることだ。平成28年度の不登校数は、小学校67,798人、中学校139,208人となっている。

　平成28年度の暴力行為の発生件数は、小学校22,847件、中学校30,148件、高等学校6,462件。全体では、59,457件。「対教師暴力」は8,022件、「生徒間暴力」は39,490件、「対人暴力」は1,352件、「器物損壊」は10,593件である。

　平成28年度の自殺数は、小学校4人、中学校69人、高等学校171人であった。自殺した児童生徒が置かれていた状況としては、進路問題と家庭不和が共に11.1％と多く、次い

で友人関係の悩みが7％であった。国は「自殺総合対策大綱」の中で重点施策として、子ども・若者の自殺対策のさらなる推進を掲げている。

引用・参考文献

◆❶「平成28年度「児童生徒の問題行動・不登校等生徒指導上の諸課題に関する調査」（速報値）について」文部科学省初等中等教育局児童生徒課 平成29年10月26日。
　山下英三郎著『いじめ・損なわれた関係を築きなおす――修復的対話というアプローチ』学苑社 2010年。
　山野良一著『子どもに貧困を押しつける国・日本』光文社新書 2014年。

◆❷「平成28年度「児童生徒の問題行動・不登校等生徒指導上の諸課題に関する調査」（速報値）について」文部科学省初等中等教育局児童生徒課 平成29年10月26日。
　山下英三郎監修、日本スクールソーシャルワーク協会編『子どもにえらばれるためのスクールソーシャルワーク』学苑社 2016年。
　木村容子・有村大士編著『子ども家庭福祉（新・基礎からの社会福祉⑦）』ミネルヴァ書房 2016年。

子どもと家族の暮らしに関する法令と制度の理解と活用

- ❶ 子ども・子育て支援制度 …………………………………… 31
- ❷ ひとり親家庭の支援制度 …………………………………… 32
- ❸ 子ども・若者支援制度 ……………………………………… 33
- ❹ 障害に関する法令と制度 …………………………………… 34
- ❺ 障害種別と障害支援区分 …………………………………… 34
- ❻ 生活保護制度・低所得者対策制度 ………………………… 35

I 子ども・子育て支援制度

　2003年には児童福祉法が改正され、子育て短期支援事業等の各種子育て支援事業が市区町村事務として法定化されるとともに、2004年の同法の改正では、市区町村が相談支援の一義的窓口として位置づけられた。特に、2012年には、幼児教育、保育、地域の子ども・子育て支援を総合的に推進するため、いわゆる子ども・子育て関連3法が制定され、2015年に施行された。これら3法を枠組みとした新たな子ども・子育て支援体系が、いわゆる「子ども・子育て支援新制度」である。子ども・子育て支援新制度では、従前、制度ごとに所管がばらばらであった政府の推進体制をあらため、施策を総合的に推進するため、内閣府に「子ども・子育て本部」を設置することとしている。新システムにおいても、各種給付・事業について、すべて市区町村を実施主体として位置づけている（図表3-1-1）。

　また、2016年の児童福祉法改正では、児童及び妊産婦の福祉に関し、実情の把握、相談、調査、指導、関係機関との連絡調整等、必要な支援を行うための拠点の整備に努めることとするとともに、同年の母子保健法の改正により、市区町村は、母子保健に関し、支援に必要な実情の把握等を行う「子育て世代包括支援センター」（法律上の名称は「母子健康包括支援センター」）を設置するように努めることとされた。

図表 3-1-1　子ども・子育て支援法に基づく給付・事業の全体像

子ども・子育て支援給付
- ■施設型給付
  - 認定こども園、幼稚園、保育所を通じた共通の給付
  - ※私立保育所については、現行どおり、市町村が保育所に委託費を支払い、利用者負担の徴収も市町村が行うものとする
- ■地域型保育給付
  - 小規模保育、家庭的保育、居宅訪問型保育、事業所内保育
  - ※施設型給付・地域型保育給付は、早朝・夜間・休日保育にも対応
- ■児童手当

地域子ども・子育て支援事業
①利用者支援事業
②地域子育て支援拠点事業
③妊婦健康診査
④乳児家庭全戸訪問事業
⑤養育支援訪問事業等
⑥子育て短期支援事業
⑦子育て援助活動支援事業（ファミリー・サポート・センター事業）
⑧一時預かり事業
⑨延長保育事業
⑩病児保育事業
⑪放課後児童健全育成事業
⑫実費徴収にかかる補足給付を行う事業
⑬多様な事業者の参入促進・能力活用事業

（社会福祉士養成講座編集委員会編『児童や家庭に対する支援と児童・家庭福祉制度［第7版］（新・社会福祉士養成講座15）』中央法規出版 2019年）

2 ひとり親家庭の支援制度

　国立社会保障・人口問題研究所によると、1980年には「ひとり親と子どもからなる世帯」は全世帯の5.7％であったが、2010年には8.7％に増加している。同研究所の将来推計では、2035年には9.7％になるものと推計されている。

　ひとり親は、家計の維持と子育ての両面において困難を生じがちである。父子家庭は長時間労働等により子どもの養育に支障が出やすく、母子家庭の母親の多くは非正規雇用労働者であるなど経済的な困難におちいりやすい。このため、ひとり親家庭の子どもの健やかな育ちを保障するため、「母子及び父子並びに寡婦福祉法」が制定されている。従前「母子及び寡婦福祉法」（昭和39年法律第129号）が適用されてきたが、父子家庭への社会的対応の必要性が認識されるようになり、2014年に現行法の名称に変更されるとともに、父子家庭への措置等が盛り込まれた。同法には、自治体による自立支援計画の策定、母子・父子自立支援員、福祉資金の貸付け、日常生活支援事業、雇用の促進、母子・父子福

祉施設等が規定されている。さらに、同法に基づき、「母子家庭等自立支援対策大綱」が策定されている。

また、生別のひとり親家庭に対し、児童扶養手当を支給することにより、生活の安定と自立の促進に寄与するため、1961年には「児童扶養手当法」が制定され、翌年に施行されている。同法は当初母子世帯のみを対象としていたが、2010年からは父子家庭にも拡大された。

さらに、子どもの貧困対策の観点からもひとり親支援策の強化が検討されるようになり、2015年12月には、「すくすくサポート・プロジェクト」（すべての子どもの安心と希望の実現プロジェクト）が立ち上げられている。同プロジェクトは、「ひとり親家庭・多子世帯等自立応援プロジェクト」と「児童虐待防止対策強化プロジェクト」で構成されるが、特に前者では、就業による自立支援を基本としつつ、子育て・生活支援、学習支援等の総合的な取り組みを充実することとしている。

❸ 子ども・若者支援制度

地域における子育て機能・子育て支援機能の弱体化、情報化に伴う違法・有害情報の拡散やコミュニティサイトに起因した犯罪被害・ネット上のいじめ、就業や就学もしない「社会的ひきこもり」への支援、貧困の世代間連鎖を防止するための対策の推進等、子ども・若者の健全育成をめぐる状況は厳しく、その対策が喫緊の課題となっている。

「子ども・若者育成支援推進法」は、「子ども・若者が次代の社会を担い、その健やかな成長が我が国社会の発展の基礎をなすものである」にもかかわらず、「子ども・若者をめぐる環境が悪化し、社会生活を円滑に営む上での困難を有する子ども・若者の問題が深刻な状況にあること」をふまえ、2010年に施行された（「　」内は第1条より抜粋）。同法には、支援等における基本理念、国や自治体の責務、国における「子ども・若者育成支援推進本部」の設置等が規定されている。本法をふまえ、国において「子供・若者育成支援推進大綱」が策定されている。

「子どもの貧困対策の推進に関する法律」は、貧困の状況にある子どもが健やかに育成される環境を整備し、子どもの貧困対策を総合的に推進するため、2014年に施行された。同法には、子どもの貧困対策の基本理念、国や自治体の責務、教育支援、生活支援、保護者への就労支援、経済的支援等に関する施策が盛り込まれている。同法の規定により、

「子どもの貧困対策に関する大綱」が国において制定されている。

◆4 障害に関する法令と制度

　障がいに関する法令には、障害種別に応じた「身体障害者福祉法」「知的障害者福祉法」「精神保健及び精神障害者福祉に関する法律（精神保健福祉法）」「発達障害者支援法」がある。障害福祉サービスの給付等に関する法律には、「障害者の日常生活及び社会生活を総合的に支援するための法律（障害者総合支援法）」、18歳未満の障がい児を対象にしたサービスは、「児童福祉法」に定められている。

　また、障害者の自立及び社会参加の支援等のための施策を推進することを目的とした「障害者基本法」、国や自治体等の虐待防止のための責務や、虐待を受けたと思われる障害者を発見した人の通報義務等を定めた「障害者虐待の防止、障害者の養護者に対する支援等に関する法律（障害者虐待防止法）」、障害を理由とする差別等の禁止や合理的配慮の提供による社会的障壁の除去等を定めた「障害を理由とする差別の解消の推進に関する法律（障害者差別解消法）」、障害者の雇用義務等に基づく雇用の促進や、職業リハビリテーション等を通じて、障害者の職業の安定を図ることを目的とした「障害者雇用促進法」、障がい者の人権の尊重を促進するための措置等を規定した、「障害者の権利に関する条約（障害者権利条約）」などがある。

◆5 障害種別と障害支援区分

　障害者手帳の制度に基づく障害種別は、身体障害、知的障害、精神障害（発達障害を含む）の3障害である。
障害福祉サービスの給付等を定めた「障害者の日常生活及び社会生活を総合的に支援するための法律」（以下、障害者総合支援法）では、それに加えて難病（359疾病）が対象となる。

　障害者総合支援法は、地域社会における共生の実現に向けて、障害福祉サービスの充実

等、障害者の日常生活及び社会生活を総合的に支援するため、2012年に障害者自立支援法から改正・改称された。内容は、訓練等給付（グループホーム、就労移行支援、就労継続支援等）と介護給付（ホームヘルパー、生活介護、施設入所支援等）などのサービスがある。市区町村は、介護給付等の支給に関わる申請を受けた場合、障害支援区分の認定を行う。障害支援区分は、障がいの多様な特性その他心身の状態に応じて必要とされる標準的な支援の度合を総合的に示すものとされている。認定調査員による認定調査と主治医意見書をもとに、コンピューターによる1次判定、市区町村審査会における2次判定を経て、障害支援区分1～6または非該当の結果が出る。障害支援区分に応じて、利用が可能となるサービスもある。

6 生活保護制度・低所得者対策制度

　生活保護制度は、日本国憲法第25条の生存権保障のため最低限度の生活（ナショナルミニマム）を確保する国民生活のセーフティネットとしての役割を担う制度である。わが国では生活保護法によって運用されており、福祉事務所が実施機関となっている。

　2017年2月現在、生活保護受給者数は214万1,881人となっている。年齢階層別被保護人員で見ると、65歳以上の割合が約96万人（45.5％）でもっとも多く、次いで19歳以下が約27万人（12.8％）となっている。また、世帯類型別では、全世帯約164万世帯に対して、母子世帯は約9.9万世帯（6％）となっている。

　さらには、一定の所得以下のひとり親家庭の経済的支援として、「児童扶養手当」が支給されている。またひとり親世帯等への経済的支援制度として母子父子寡婦福祉資金貸付金制度もある。加えて、子どもの貧困対策としては小学生・中学生への就学援助費支給制度がある。これは低所得者世帯の子どもの義務教育に必要な費用の一部を公的に支給するもので、各学校を窓口にして自治体が給付している。なお近年では、生活保護にいたる前の自立支援策の強化を図るとともに、生活保護から脱却した人が再び生活保護に頼ることのないように地域で支援することを目的として、2015年より「生活困窮者自立支援法」が施行された。

　生活保護制度・低所得者対策制度は、子どもの貧困の連鎖を解消するためには積極的な活用が望まれる制度である。

引用・参考文献

❻ 「被保護者調査」厚生労働省社会・援護局保護課 平成 29 年 2 月。

さらに深く学ぶ人のために

❶ 内閣府「子ども・子育て支援新制度」
　　http://www8.cao.go.jp/shoushi/shinseido/index.html（2018 年 2 月 28 日閲覧）
　才村純・芝野松次郎・松原康雄編著『児童や家庭に対する支援と子ども家庭福祉制度［第 3 版］（MINERVA 社会福祉士養成テキストブック 13）』ミネルヴァ書房 2015 年。
　前田正子著『みんなでつくる子ども・子育て支援新制度——子育てしやすい社会をめざして』ミネルヴァ書房 2014 年。
　才村純編著『保育者のための児童福祉論』樹村房 2008 年。
　社会福祉士養成講座編集委員会編『児童や家庭に対する支援と児童・家庭福祉制度［第 7 版］（新・社会福祉士養成講座 15）』中央法規出版 2019 年。
　「児童家庭福祉論 児童や家庭に対する支援と児童・家庭福祉制度」『社会福祉学習双書』編集委員会編『社会福祉学習双書 2016』社会福祉法人全国社会福祉協議会 2016 年。

❷ 湯澤直美著「ひとり親世帯への支援策の動向と課題」子ども虐待の予防とケア研究会編著『子ども虐待の予防とケアのすべて』第一法規 925-933 頁 2017 年。
　才村純編著『保育者のための児童福祉論』樹村房 2008 年。
　社会福祉士養成講座編集委員会編『児童や家庭に対する支援と児童・家庭福祉制度［第 7 版］（新・社会福祉士養成講座 15）』中央法規出版 2019 年。
　『社会福祉学習双書』編集委員会編『社会福祉学習双書 2019』「児童家庭福祉論 児童や家庭に対する支援と児童・家庭福祉制度」全国社会福祉協議会 2019 年。

❸ 一般社団法人日本臨床心理士会監修・江口昌克編集『ひきこもりの心理支援——心理職のための支援・介入ガイドライン』金剛出版 2017 年。
　斎藤環著『社会的ひきこもり——終わらない思春期』PHP 研究所 1998 年。
　服部雄一著『ひきこもりと家族トラウマ』NHK 出版 2005 年。
　金澤ますみ著「子どもの貧困と虐待」子ども虐待の予防とケア研究会編著『子ども虐待の予防とケアのすべて』第一法規 911-924 頁 2017 年。

❹ 全国社会福祉協議会「障害者福祉サービスの利用について［平成 27 年 4 月版］」
　　http://www.shakyo.or.jp/news/kako/materials/pdf/pamphlet_201504.pdf（2018 年 3 月 5 日閲覧）
　全国社会福祉協議会「障害者総合支援法及び児童福祉法の改正について」※障害者総合支援法のサービス利用説明パンフレット
　　http://www.shakyo.or.jp/news/kako/materials/pdf/kaisei_201605.pdf（2018 年 2 月 22 日閲覧）
　内閣府「改正障害者基本法〈わかりやすい版〉」
　　http://www8.cao.go.jp/shougai/suishin/kaikaku/pamphlet/kihonhou/index_pdf.html（2018 年 2 月 22 日閲覧）
　厚生労働省「障害者虐待防止法が施行されました」
　　http://www.mhlw.go.jp/stf/seisakunitsuite/bunya/hukushi_kaigo/shougaishahukushi/gyakutaiboushi/index.html（2018 年 2 月 22 日閲覧）
　内閣府「障害者差別解消法リーフレット」
　　http://www8.cao.go.jp/shougai/suishin/sabekai_leaflet.html（2018 年 2 月 22 日閲覧）

厚生労働省「障害者雇用促進法の概要」
　http://www.mhlw.go.jp/stf/seisakunitsuite/bunya/koyou_roudou/koyou/shougaishakoyou/03.html（2018年2月22日閲覧）

外務省「障害者の権利に関する条約（略称：障害者権利条約）」
　http://www.mofa.go.jp/mofaj/gaiko/jinken/index_shogaisha.html（2018年2月22日閲覧）

内閣府「障害者権利条約」
　http://www8.cao.go.jp/shougai/un/kenri_jouyaku.html（2018年2月22日閲覧）

❺ 全国社会福祉協議会「障害者福祉サービスの利用について［平成27年4月版］」
　http://www.shakyo.or.jp/news/kako/materials/pdf/pamphlet_201504.pdf（2018年3月5日閲覧）

全国社会福祉協議会「障害者総合支援法及び児童福祉法の改正について」※障害者総合支援法のサービス利用説明パンフレット
　http://www.shakyo.or.jp/news/kako/materials/pdf/kaisei_201605.pdf（2018年2月22日閲覧）

厚生労働省「障害支援区分」
　http://www.mhlw.go.jp/stf/seisakunitsuite/bunya/hukushi_kaigo/shougaishahukushi/kubun/index.html（2018年2月22日閲覧）

❻ 『厚生の指標 増刊「国民の福祉と介護の動向」』厚生労働統計協会。※毎年度発行

『社会保障の手引〈施策の概要と基礎資料〉』中央法規出版。※毎年度発行

社会福祉の動向編集委員会編『社会福祉の動向』中央法規出版。※毎年度発行

生活保護制度研究会編『保護のてびき』第一法規。※毎年度発行

石川久著『図解 福祉行政はやわかり〈第1次改訂版〉』学陽書房 2017年。

岡部卓著『新版 福祉事務所ソーシャルワーカー必携──生活保護における社会福祉実践』全国社会福祉協議会 2014年。

Ⅳ 子ども家庭相談援助制度及び実施体制

- ❶ 子ども家庭の問題に関する現状と課題 ………………………… 41
- ❷ 子ども家庭福祉に関する法令及び制度 ………………………… 41
- ❸ 国、都道府県（児童相談所）、市区町村の役割 ………………… 42

1 子ども家庭の問題に関する現状と課題

第二次世界大戦後における日本の大きな社会構造の変化は、いわゆる「団塊の世代」に大きな影響を受けた。「団塊の世代」は総人口に占める割合が大きく、高度経済成長期に地方から都市、あるいは工業地帯への人口の移動を促し、都市化や郊外の団地を中心に核家族化が進行した。現在では、子育ての孤立やつながりの希薄化、共働き家庭の増加等による保育、放課後の子どもの居場所等の確保などが重要な課題である。

家庭は成員の福祉やウェルビーイング（well-being）を保障する場である。一方、外部の影響を受けにくい家庭環境は、子育ての孤立や育児不安、子ども虐待や家庭内暴力（DV）が発生するイルビーイング（ill-being）な状況におちいることがある。また、子育ての文化の欠如、不適切な養育が世代間で受け継がれる可能性も指摘される。また、子どもの貧困・格差、外国籍等の多様な文化的背景のある家庭へのアプローチ、障がいのある子どもへの社会的支援、学校等での体罰やいじめなどのさまざまな課題に対応するため、新たな担い手を確保しながら、子どものウェルビーイングが積極的に保障される環境構築が求められる。

2 子ども家庭福祉に関する法令及び制度

第二次世界大戦後まもない1946年に「日本国憲法」が公布され、その第25条に生存権がうたわれ、1947年に「児童福祉法」が制定された。この「児童福祉法」をはじめ、「児童扶養手当法」、「特別児童扶手当等の支給に関する法律」、「母子及び父子並びに寡婦福祉法」、「母子保健法」、「児童手当法」を総称し、児童福祉六法と呼ぶ。また、親権や養子縁組等について記載された「民法」、少年非行等に対応する「少年法」がある。さらに、昨今の子どもと家族を取り巻く諸課題に対応するため、「児童虐待の防止等に関する法律」、「配偶者からの暴力の防止及び被害者の保護等に関する法律」、「児童買春、児童ポルノに係る禁止行為等の規制及び処罰並びに児童の保護等に関する法律」、「子どもの貧困対策の推進に関する法律」等が定められた。加えて、主として少子化や子育て支援等に対する子

ども・子育て関連3法等がある。

❸ 国、都道府県（児童相談所）、市区町村の役割

　市区町村は、児童が心身ともに健やかに育成されるよう、基礎的な地方公共団体として、身近な場所で子どもや保護者を継続的に支援し、子ども虐待の発生予防等を図る。児童及び妊産婦の福祉に対する必要な実情の把握（児童福祉法第10条第1項）、必要な情報の提供（第10条第2項）、家庭そのほかの相談に応じ、必要な調査及び指導を行うこと等（第10条第3項）そのほかにも障害児通所給付費の支給（第3条の3）、保育の実施（第24条第1項）等を行う。

　都道府県は、必要に応じて児童相談所等の技術的支援や助言及び判定等の適切な援助を行うとともに、専門的知識及び技術並びに各市区町村の区域を越えた広域的な対応が必要な業務を行う（第3条の3第2項）。

　国は、市区町村及び都道府県の行う業務が適切かつ円滑に行われるよう、児童が適切に養育される体制の確保に関する施策、市町村及び都道府県に対する助言及び情報提供等、必要な措置を行う（第3条の3第3項）。

引用・参考文献
❸「児童福祉法」法律第164号 昭和22年、法律第71号 平成29年。

さらに深く学ぶ人のために
◆ 恩賜財団母子愛育会愛育研究所編『日本子ども資料年鑑2018』KTC中央出版 2018年。
❸「児童相談所運営指針」児発第133号 平成2年3月5日、子発1025第1号 平成30年10月25日。
　「子ども虐待対応の手引き（平成25年8月改正版）」雇児総発0823第1号 平成25年8月23日。
　「市町村子ども家庭支援指針」（ガイドライン）雇児発0331第47号 平成29年3月31日、子発0720第7号 平成30年7月20日。

V 子どもの権利擁護と倫理

- ❶ 子どもの権利の考え方 …………………………………………… 45
- ❷ 児童福祉法にみる子ども家庭福祉の理念 ……………………… 45
- ❸ 児童の権利に関する条約 ………………………………………… 46
- ❹ 国際連合「児童の代替的養護に関する指針」………………… 47
- ❺ 子どもの権利侵害 ………………………………………………… 48
- ❻ 子ども家庭福祉における倫理的配慮 …………………………… 48
- ❼ 記録の取り方・管理 ……………………………………………… 49
- ❽ 個人情報の取り扱い ……………………………………………… 50

1 子どもの権利の考え方

　子どもの権利は、本来、人権と捉えるべきもので、義務や子どもの責任能力とは無関係に擁護されなければならない。

　子どもの権利擁護の歴史は、貧困、教育、過酷な労働、虐待等、子どもが直面する個別的問題への対応から始まった。例えば、英国でいうと救貧法や工場法、日本でいうと、恤救規則、児童虐待防止法、工場法等がこれにあたる。

　子どもの権利を総体的に捉える取り組みは、戦争との関係を抜きに考えることはできない。第一次世界大戦をふまえてのジュネーブ（児童権利）宣言（1924年）、第二次世界大戦をふまえての（ニューヨーク）児童権利宣言（1959年）は、その典型である。

　これらは、子どもを弱き者あるいは被害者として位置づけ、社会（大人）がこれを保護するという側面が強いが、子どもの権利を考える際には、このように受動的な存在としての立場だけでなく、自らの意思に従って、自分を表現し、自分らしく生きるという能動的存在としての立場を意識し、これを擁護していくという姿勢や取り組みが必要である。

2 児童福祉法にみる子ども家庭福祉の理念

　児童福祉法は、子ども家庭福祉の理念や施策を規定するもので、その理念は、第1条から第3条に示されている。

　第1条では、子どもには児童の権利に関する条約の精神にのっとり権利が存すること、第2条では、子どもの育成を考えるに際しては、子どもの意見を尊重すべきこと、また最善の利益を考慮すべきこと、育成の責任は保護者に第一義的責任があるが、国や地方公共団体にも責任が存すること、第3条では、これらの理念は、学校、医療、司法等、福祉以外の領域でも尊重すべきことを明記している。

　2016年の児童福祉法改正は、子ども家庭福祉の理念や社会的養護のあり方など、法制定後一度も改正されることのなかった総則の改正を含む大幅なものとなった。

図表 5-2-1　児童福祉法にみる子ども家庭福祉の理念（第1条～第3条）

> 第1条　全て児童は、児童の権利に関する条約の精神にのっとり、適切に養育されること、その生活を保障されること、愛され、保護されること、その心身の健やかな成長及び発達並びにその自立が図られることその他の福祉を等しく保障される権利を有する。
> 第2条　全て国民は、児童が良好な環境において生まれ、かつ、社会のあらゆる分野において、児童の年齢及び発達の程度に応じて、その意見が尊重され、その最善の利益が優先して考慮され、心身ともに健やかに育成されるよう努めなければならない。
> 2　児童の保護者は、児童を心身ともに健やかに育成することについて第一義的責任を負う。
> 3　国及び地方公共団体は、児童の保護者とともに、児童を心身ともに健やかに育成する責任を負う。
> 第3条　前2条に規定するところは、児童の福祉を保障するための原理であり、この原理は、すべて児童に関する法令の施行にあたって、常に尊重されなければならない。

❸ 児童の権利に関する条約

　国際連合は、児童権利宣言から20年の節目にあたる1979年を国際児童年とし、本格的に条約づくりの作業に入っていった。その成果が、1989年、児童の権利に関する条約（Convention on the Rights of the Child：以下、条約）として結実した。従来の権利宣言との最大の違いは、宣言には拘束力がないのに対して、条約には拘束力が伴うことにある。また、国内法との関係でいうと、憲法を除くほかの法律には優先するということである。

　条約は、前文、具体的な権利の内容を示す第1部（第1条～第41条）、子どもの権利委員会に関して規定する第2部（第42条～第45条）、事務的な手続きを規定する第3部（第46条～第54条）からなる。ユニセフは、条約が規定する権利の特性を、生きる権利、守られる権利、育つ権利、参加する権利、の4つにあるとしている。網野武博は、受動的権

利と能動的権利という説明をしている。

4 国際連合「児童の代替的養護に関する指針」

　国際連合「児童の代替的養護に関する指針」は、児童の権利に関する条約採択20年を期し、社会的養護施策等に関する関連規定の実施を強化することを目的として、2009年に国連総会で採択されたものである。条約をより具体化したものであり、日本を含め、締約国は、これを実現することが求められる。

　この指針では、①親子分離をできるだけ避けることができるような施策を講ずること。②分離した場合でも一時的・短期的であるべきで、親子再統合の取り組みを提供する必要があること。③分離の場合には家庭養護を基本とすること、とりわけ3歳未満児はそうあるべきこと。④施設については小規模化・少人数グループ化すべきことを示している。

　日本も、この指針を受け、児童福祉法改正（2016年）がされ、代替的養護のあり方について、国・地方公共団体（都道府県・市区町村）の責務として、家庭と同様の環境における養育の推進が明記された。

図表5-4-1　国際連合「児童の代替的養護に関する指針」（抄）

- 児童を家族の養護から離脱させることは最終手段とみなされるべきであり、可能であれば一時的な措置であるべきであり、できる限り短期間であるべきである。
- 専門家の有力な意見によれば、幼い児童、特に3歳未満の児童の代替的養護は家庭を基本とした環境で提供されるべきである。
- 明確な目標及び目的を持つ全体的な脱施設化方針に照らした上で、代替策は発展すべきである。
- 施設養護を提供する施設は、児童の権利とニーズが考慮された小規模で、可能な限り家庭や少人数グループに近い環境にあるべきである。

5 子どもの権利侵害

　権利侵害は、日常生活のさまざまな場面で生じる可能性がある。また、権利侵害を考える際には、当然のことながら、受動的権利のみならず、能動的権利についても視野に入れる必要がある。

　児童の権利に関する条約との関係では、子どもの権利委員会による日本に関する総括所見（2010年）によると、「子どもの権利に関する包括的法律の採択を検討し、かつ、国内法を条約の原則および規定と完全に調和させるための措置をとるよう、強く勧告する」（第12パラグラフ）、さらに、差別的施策や現状を解消するため、「包括的な反差別法を制定し、かつ、どのような事由であれ子どもを差別するあらゆる立法を廃止すること」（第34パラグラフ(a)）、を求めている。児童福祉法改正（2016年）及び「新たな社会的養育ビジョン」（2017年）は、とりわけ前者と深い関係がある。

　さらに指摘の中には、①学校（いじめ、体罰、意見表明の機会）、②社会的養護施策（意見表明の機会、在宅子育て支援策の不足、施設偏重、大規模ケアの存在）、③障害児福祉施策（在宅支援策の不足、インクルージョン施策の不足）における権利保障の不十分さのほか、難民や外国籍の子ども、ひとり親家庭の課題等も含まれている。

6 子ども家庭福祉における倫理的配慮

　国家公務員に関しては、「国家公務員倫理法」が示されている。また、第43条において地方公共団体や独立行政法人は、地方公務員の職務に関わる倫理の保持のために必要な措置を講じるよう努めることとなっており、条例等が定められている。

　ソーシャルワーカーの専門職団体である日本社会福祉士会では、社会福祉士の倫理綱領を価値と原則、倫理基準に分けている。価値と原則では、人間の尊厳、社会正義、貢献、誠実、専門的力量が挙げられる。また倫理基準は①利用者に対する倫理責任、②実践現場における倫理責任、③社会に対する責任、④専門職としての倫理責任の4領域に分類し、具体的な倫理基準を明記している。

また、子どもの最善の利益、意見表明権、及び出自を知る権利等、国際連合「児童の権利に関する条約」等に示された各権利に対しての取り組みも倫理的配慮に相当すると考えられる。

7 記録の取り方・管理

　市区町村及び児童相談所は相談を受理した子どもごとに児童記録票を作成する。なお、児童相談所は児童記録票を綴る児童記録票綴を作成し、秘密保持の原則（児童福祉法第61条）に基づき、厳重な管理を要し、市区町村にも同様の管理・保管が求められる。児童記録票には子どもの氏名・生年月日・住所、保護者の氏名・職業・住所、学校等、家族状況、主訴、過去の相談歴等を記載する。なお、特定妊婦の場合には、受理した段階で妊婦名等により作成し、子どもの出生後に子ども名に変更し、一貫した指導・援助の経過を示す。児童記録票綴には、児童記録票に加え、誓約書や措置、一時保護に関する書類、医療機関に対する協力依頼書、家庭裁判所や警察から受けた書類、市区町村への送致書等、一連の援助経過において送受信のあった書類等がファイルされる。なお、情報通信技術（ICT）を導入し、ケースファイル等の電子化を行うなど事務の効率化を図ることも必要である。

　児童相談所運営指針によると、児童記録票は最低5年間保存することとされている。ただし、児童相談所では養子縁組が成立した事例や棄児・置き去り児の事例で、施設や里親等に措置をした場合（児童福祉法第27条第1項第3号）や家庭裁判所に送致した場合（第27条第1項第4号）などは子どもが満25歳になるまで、または児童相談所やそのほかの相談機関等で指導した場合（第26条第1項第2号、第27条第1項第2号）は措置解除後5年間の長期保存とする。市区町村においては、児童相談所に送致（第25条の7）した場合など、将来的に児童記録票の活用が予想される場合は長期保存とするなど、個々のケースや性質に応じた柔軟かつ弾力的に保存期間を設定する。

⬥8 個人情報の取り扱い

　「個人情報の保護に関する法律」では、あらかじめ本人の同意を得ないで、①事前に特定された利用目的の範囲を超えた個人情報の取り扱い（第 16 条）、及び②第三者への個人データの提供（第 23 条）を禁じている。

　また、個人情報の利用目的や取得による制限については、①法令に基づく場合、②人の生命、身体、財産の保護が必要だが本人の同意を得ることが困難な場合、③公衆衛生の向上、または児童の健全な育成の推進のために特に必要があるが本人の同意を得ることが困難な場合、④国の機関、地方公共団体等が法令事務の遂行にあたって協力する必要がある場合、本人の同意を得ることにより事務の遂行に支障がある場合においては適応されない（第 16 条の 3、第 17 条の 2）。

　従って、①から④に当てはまる場合、関係機関からの情報提供、及び情報共有は制限されない。例えば、「児童虐待防止法」に基づく子ども虐待等の疑いのある子どもに関する通告や児童相談所間のケース移管における情報共有（児童虐待防止法第 6 条、児童福祉法第 25 条）や、「児童福祉法」に基づく要保護児童対策協議会における情報共有（児童福祉法第 25 条の 3）など、法的な根拠に基づく場合は例外となる。

引用・参考文献

❶ 日本弁護士連合会子どもの権利委員会編著『子どもの権利ガイドブック【第 2 版】』明石書店 2017 年。
　外務省（児童の権利に関する条約）「作成および採択の経緯」
　http://www.mofa.go.jp/mofaj/gaiko/jido/seka.html（2018 年 2 月 3 日閲覧）
❷「児童福祉法」法律第 164 号 昭和 22 年、法律第 71 号 平成 29 年。
　厚生労働省「児童福祉法等の一部を改正する法律の概要」
　http://www.mhlw.go.jp/file/06-Seisakujouhou-11900000-Koyoukintoujidoukateikyoku/03_3.pdf（2018 年 2 月 3 日閲覧）
❸ 網野武博著『児童福祉学――「子ども主体」への学際的アプローチ』中央法規出版 2002 年。
　子どもの権利条約（日本ユニセフ協会）
　https://www.unicef.or.jp/about_unicef/about_rig.html（2018 年 2 月 3 日閲覧）
　外務省「児童の権利関する条約」全文
　http://www.mofa.go.jp/mofaj/gaiko/jido/zenbun.html（2018 年 2 月 3 日閲覧）
　平野裕二の子どもの権利・国際情報サイト https://www26.atwiki.jp/childrights/（2018 年 2 月 3 日

閲覧）
❹ 子どもの村福岡編『国連子どもの代替養育に関するガイドライン──SOS 子どもの村と福岡の取り組み』福村出版 2011 年。
❺ 平野裕二の子どもの権利・国際情報サイト
https://www26.atwiki.jp/childrights/（2018 年 2 月 3 日　閲覧）
❻ 「児童相談所運営指針」児発第 133 号 平成 2 年 3 月 5 日、子発 1025 第 1 号 平成 30 年 10 月 25 日。
「子ども虐待対応の手引き（平成 25 年 8 月改正版)」雇児総発 0823 第 1 号 平成 25 年 8 月 23 日。
「児童虐待の防止等に関する法律」法律第 82 号 平成 12 年、法律第 69 号 平成 29 年。
「児童福祉法」法律第 164 号 昭和 22 年、法律第 71 号 平成 29 年。
「個人情報の保護に関する法律」法律第 57 号 平成 15 年、法律第 51 号 平成 28 年。
「被虐待児童の転居及び一時帰宅等に伴う相談ケースの移管及び情報提供に関する申し合わせ」全国児童相談所長会、全児相第 7 号 平成 19 年 7 月 12 日。

さらに深く学ぶ人のために

❶ 子どもの権利条約総合研究所編『子どもの権利研究』日本評論社 創刊号 2002 年。
❷ 中央法規出版編集部編『改正児童福祉法・児童虐待防止法のポイント（平成 29 年 4 月完全施行）新旧対照表・改正後条文』中央法規出版 2016 年。
❸ 喜多明人・森田明美・広沢明・荒牧重人編『［逐条解説］子どもの権利条約』日本評論社 2009 年。
❹ 児童の代替的養護に関する指針（厚生労働省雇用均等・児童家庭局家庭福祉課仮訳［2009 年］）
http://www.mhlw.go.jp/stf/shingi/2r98520000018h6g-att/2r98520000018hly.pdf（2018 年 2 月 3 日 閲覧）
❺ 日本弁護士連合会編『子どもの権利条約・日弁連レポート 問われる子どもの人権──日本の子どもたちがかかえるこれだけの問題』駒草出版 2011 年。

VI 子ども家庭支援のためのソーシャルワーク

- ❶ ソーシャルワークとは ………………………………………………… 55
- ❷ ソーシャルワークの歴史 ……………………………………………… 55
- ❸ ソーシャルワークの原理と倫理 ……………………………………… 56
- ❹ ソーシャルワークの方法 ……………………………………………… 57
- ❺ ソーシャルワークの方法論に基づいた
  子ども・家庭支援のあり方 …………………………………………… 58
- ❻ ケースに関する調査のあり方 ………………………………………… 59
- ❼ 子ども・親・妊婦・家族、地域のアセスメント …………………… 60
- ❽ 子ども・家族とその関係性のアセスメント ………………………… 60
- ❾ ケースの問題の評価の方法 …………………………………………… 61
- ❿ 支援計画の立て方 ……………………………………………………… 62
- ⓫ ケースの進行管理・再評価 …………………………………………… 62
- ⓬ チームアプローチ ……………………………………………………… 63
- ⓭ ケースカンファレンス（事例検討） ………………………………… 63
- ⓮ 妊娠期におけるソーシャルワーク …………………………………… 64

1 ソーシャルワークとは

　2014年、国際ソーシャルワーカー連盟（IFSW）と国際ソーシャルワーク学校連盟（IASSW）の総会・合同会議にて、「ソーシャルワーク専門職のグローバル定義」が採択された。「ソーシャルワークは、社会変革と社会開発、社会的結束、および人々のエンパワメントと解放を促進する、実践に基づいた専門職であり学問である。社会正義、人権、集団的責任、および多様性尊重の諸原理は、ソーシャルワークの中核をなす。ソーシャルワークの理論、社会科学、人文学、および地域・民族固有の知を基盤として、ソーシャルワークは、生活課題に取り組みウェルビーイングを高めるよう、人々やさまざまな構造に働きかける。この定義は、各国および世界の各地域で展開してもよい」。
　ソーシャルワークは、人々のウェルビーイング（よりよく生きる、自己実現）を高めるために生活課題に取り組む。ミクロレベルとして人々、メゾレベルとして地域、マクロレベルとして制度・施策のあらゆる環境に縦横に働きかける。その根底に、各人が持つ力への信頼と権利擁護があり、したがって人々の力を引き出すエンパワメントとその解放を促進するものである。

2 ソーシャルワークの歴史

　ソーシャルワークの源流は、19世紀末にイギリスの慈善組織協会（COS）が貧しい家を訪問した友愛訪問に始まる。1884年にはバーネット牧師夫妻がロンドンにトインビー・ホールを設立し、スラム街に生活して住民と共に問題解決を図ろうとするセツルメント活動を展開する。これらの活動がアメリカに渡った1920年代以降に理論化が進む。「ケースワークの母」と呼ばれるメアリー・リッチモンドは「ソーシャル・ケースワークは、人々とその社会環境との間に、個々別々に、意識的にもたらされる調整を通じて、人格の発達を図る諸過程から成り立っている」と定義した。
　20世紀半ば頃までは問題を個人の要因と見る医療モデルが台頭するが、1980年代からは、エコロジカル視点に基づく生活モデルがジャーメインとギッターマンにより提唱され

た。ソーシャルワークの共通基盤を見出す動き、ソーシャルワークの統合化の動きからジェネラリスト・ソーシャルワークに転換し、これが今日の中核的な考え方となっている。エコシステムに基づき人と環境の相互作用に着目し、個別支援（ミクロ）、地域（メゾ）、制度や政策（マクロ）にいたるまでを循環して働きかけるものである。

1980年代に入ると、具体的な援助の効率性や迅速性の検討から「ケアマネージメント」、利用者のパワー（エンパワメント）や強さ（ストレングス）等をいかに引き出すのかということに焦点を置く「エンパワメント」「ストレングス」、2000年代に入ると、当事者の語りに焦点をあてた「ナラティヴ・アプローチ」が出現した。

今日、ソーシャルワークが専門職としての実践であり、学問であるために、援助の効果を検証し科学的な根拠に基づく実践を行うという「エビデンス・ベースド・プラクティス」が重視されている。

❸ ソーシャルワークの原理と倫理

ソーシャルワークの専門知識と技術の根底には、何を目指すのかという価値がある。対人援助を行う専門職にはいずれも倫理が強く求められ、守られるべき共通の原則あるいは利用者に向かう態度を体系化したものを倫理綱領と呼び、各専門職団体はこれを明示している。倫理綱領は、専門職の能力、役割、責任あるいは地位を明らかにし、行動基準を導くとともに、それに準拠しないものに対して規制、統制するという機能をはたす。以下は、社会福祉士の倫理綱領に示された価値である。

(1) 人間の尊厳

ソーシャルワーカーは、すべての人間を、出自、人種、性別、年齢、身体的精神的状況、宗教的文化的背景、社会的地位、経済状況等の違いにかかわらず、かけがえのない存在として尊重する。

(2) 社会正義

ソーシャルワーカーは、差別、貧困、抑圧、排除、暴力、環境破壊等のない、自由、平等、共生に基づく社会正義の実現をめざす。

(3) 貢　献
ソーシャルワーカーは、人間の尊厳の尊重と社会正義の実現に貢献する。

(4) 誠　実
ソーシャルワーカーは、本倫理綱領に対して常に誠実である。

(5) 専門的力量
ソーシャルワーカーは、専門的力量を発揮し、その専門性を高める。

◆4 ソーシャルワークの方法

　従来、ソーシャルワークの方法は、①直接援助技術（ケースワーク、グループワーク）、②間接援助技術（コミュニティワーク、社会福祉調査法、社会福祉運営管理、社会福祉活動法、社会福祉計画法）、③関連援助技術（ネットワーク、ケアマネージメント、スーパービジョン、カウンセリング、コンサルテーション）等に専門分化し、用いられていた。しかし今日では、生活課題は多様な要素が絡んで派生することから、ひとつの方法のみによって解決を図れるものではなく、ソーシャルワーク固有の視点によって体系づけられ、多彩な方法を用いて対応する「ジェネラリスト・ソーシャルワーク」の視点が重視されている。
　ソーシャルワーク理論に基づくアプローチとしては、以下がある。

(1) ストレングスアプローチ
　当事者が持つ強み・能力・可能性に焦点をあててアセスメントを行い、強みを活用した環境への働きかけを行う。当事者が問題解決の主役であり、支援者は当事者の関心に沿って傾聴し、ストレングスへの気づきを得る。

(2) 機能的アプローチ
　当事者の社会的機能を高めるアプローチであり、環境要因により問題が生じていると捉え、その要因を除去し、本来持っている力を発揮できるように支援する。当事者がニーズを明確化し、解決に向けて自己決定できるよう支援する。

（3） 課題中心アプローチ

具体的な課題を取り上げ、解決方法を共に考え、当事者がそれを実施することで解決する。3か月程度の短期集中の取り組みである。

（4） 行動変容アプローチ

オペラント条件付けの理論に基づくもので、問題行動の原因や過去に遡るのではなく、行動特性そのものに注目し、その変容を図る。

（5） 危機介入アプローチ

危機的状況にある当事者に対して、その危機を回避するために早急にインテンシブな介入を行う。混乱した状況への共感的理解を示し、共に取り組む。2か月程度の集中的な対応であり、その後は異なるアプローチに移行する。

（6） ナラティヴ・アプローチ

当事者が自分について語る物語を対等の関係で聞き、当事者自身がポジティブな物語へと転換していくことを支援する。

◆5 ソーシャルワークの方法論に基づいた子ども・家庭支援のあり方

子ども家庭福祉の目的は、児童福祉法第1条「すべての子どもが適切な養育を受け、健やかな成長・発達や自立等を保障され、その持てる力を最大限に発揮することができるよう子ども及びその家庭を支援すること」にあり、子どもの最善の利益を優先して考慮し、行われる。特に、虐待相談等では、子どもの立場から判断し、支援を行う。

また、ストレングスの視点に立ち、子どもと保護者の「強み」を活かした支援を行う。子どもと保護者と協働して問題に対応することによって、自己肯定感と問題対応能力を高める。

保護者は子どもの養育について第一義的責任を負うが、社会もまた保護者とともに、子どもを心身共に健やかに育成する責任を負っている（児童福祉法第2条第2項及び第3項）。日常生活維持のために必要な支援を適切に行い、同時にその保護者が子どもに対する養育

責任をはたすために必要な支援を常に考え、提供することが求められる。

妊娠期からの切れ目のない一貫した支援、地域のさまざまな関係者がネットワークを構築し、子どもの権利を守り、家庭を支援していくことが必要である。

6 ケースに関する調査のあり方

ケースについて検討するために必要な情報収集を行うことを「調査」という。支援を開始する際には調査を行い、基本項目（相談受付票）について、正確に把握する。

調査は、子ども・保護者との面接に留まらない。親族、地域関係者、保育所・学校等の子どもの所属施設等、関係者や関係機関からも情報を収集する。情報を収集するために、家庭訪問や子どもが所属している保育所や学校へのアウトリーチを行い、実態を把握する。

調査は子どもと保護者との信頼関係を通して行うことが基本であり、自らの困難や力、問題解決への道筋や必要としているものに気づくという支援のスタートでもある。ただし虐待事例については、保護者の同意がない場合も、市区町村と都道府県には調査を行う責務と権限がある。

相談受付票の項目（参照：市町村子ども家庭支援指針）

①子どもの現在の状況（子どもの権利が守られているか、子どもの命に影響があると思われるような状況にあるのか等）

②児童記録票に記載する事項（子どもの氏名・生年月日・住所、保護者の氏名・職業・住所、学校等、家族状況、主訴、過去の相談歴等）

③子どもの家庭環境

④子どもの生活歴、生育歴

⑤子どもの居住環境及び学校、地域社会等の所属集団の状況

⑥支援等に関する子ども、保護者等の意向

⑦保護者の状況（子ども及び家族との関係、健康面、心理面、社会面等）

⑧対応に関する相談・通告者の意向等

⑨その他必要と思われる事項

7 子ども・親・妊婦・家族、地域のアセスメント

　支援が必要な子どもと家族のアセスメントには、緊急度アセスメント・リスクアセスメント・ニーズアセスメントの3段階がある。子どもの心身の安全に関わる危機の有無を確認する緊急度アセスメントでは、緊急保護の要否判断に関するアセスメントフローチャート、リスクアセスメントに際しては共通リスクアセスメントツール等を用いて、適切に判断する。その上で、子どもと家庭がどのようなサポートを必要としているか、あるいは有効かという観点からニーズアセスメントを行う。

　そのためには、子どもの意向や親への思いを理解し、身体・健康・発達・心理状況、行動特徴、障がい等について確認する。次に、家庭を理解するために、親の意向、身体・健康状況、障がい、心理状況、生活関連活動について確認し、さらに経済状況・就労状況、居住環境や近隣・関係者との関係についてアセスメントを行う。インフォーマルなリソースも含めた地域の社会資源やサポートについても把握し、その活用や効果についてアセスメントを行う。

　子どもの育ちに第一義的責任を負っているのは保護者であり、その困り感に寄り添い、必要としていることをアセスメントする。その際には、これまでの生活歴から、また子どもの発達段階をふまえて、今後の見通しについても把握することが重要である。

8 子ども・家族とその関係性のアセスメント

　家族関係・親子関係について、全体的なアセスメントを行う。その際に、子どもや家族の意向・希望・意見等に十分に耳を傾ける。子どもと家族が課題についてどのように考えているのか、どのような解決を目指しているかという思いを尊重する。

　また、サポートしてくれる親族等のインフォーマルな社会資源についても把握する。

　親子関係、夫婦関係、きょうだい関係についてのアセスメントは、子どもの育ちに影響を与える大きな要素であり、背景にある家庭環境、経済状況、保護者の心身の状態、子ど

もの特性など必要な情報を把握し、これらをふまえて関係性を判断する。

さらに、保育所・幼稚園、学校等の子どもの所属や支援者・関係者とのこれまでの経緯や関係性についても、アセスメントを行うことが重要である。その関係性によって家庭の養育力のアセスメントも異なり、支援のためのネットワーク構築を考える際に、重要な情報となる。包括的に子どもと家庭の関係性をアセスメントする。

❾ ケースの問題の評価の方法

人と環境の交互作用に焦点をあてることが、ソーシャルワークの特徴であり、ケースの問題を把握するためには、人、環境、その交互作用の状況について、総合的に情報を収集することが重要である。いつから問題が起きているのか、その頻度・場所・状況など、問題がどのように生活に影響しているか、社会環境、家族や地域との関係、価値観や行動特徴、強み、支援への意向、社会資源や環境との交互作用の状況など、多面的に検討する。特に子どもの状況については丁寧に把握する必要があり、子どもの話に耳をかたむけることや、家庭のみならず子どもが所属している保育所・学校等での状況までを含めた社会関係全般について情報を把握する。

問題を的確に把握するためには、アセスメントのためのツールを活用する。ジェノグラムやエコマップを作成することで、親子を取り巻く人間関係や社会資源を明らかにすることができる。また、リスクの高いケースでは、リスクアセスメントシート等を用いて確認をする。

さらに、ケースの問題について総合的に評価するためには、関係者が集まり、顔を合わせたケース検討会議を行うことが効果的である。特に複雑な課題が絡んだケースでは、多様な専門職による評価をつき合わせて包括的なアセスメントを行うことが重要であり、必要に応じてスーパーバイザーの参加を得る。

⑩ 支援計画の立て方

　アセスメントに基づき、困っている状況の改善や、課題を解決するための支援目標を設定する。計画には1〜2か月の間に取り組む短期目標と先を見通した長期目標とを設定する。子どもの安全・安心に関わることは、短期的な目標に含める。支援計画は、子ども・家庭・関係者等を包括的に作成する。その目標に基づき、必要なサポートやサービス等を選択し、あるいは新たに社会資源を開拓する。この一連の支援を、誰が、いつ、どのように役割をはたすかという役割分担を明確にして計画を作成する。既存のサービスや社会資源に留まらず、ケースが必要としている資源を新たに開拓することや、インフォーマルな資源の活用も含めた、包括的な支援計画を作成する。
　子どもや保護者自身が支援計画の作成に参加することが望まれるが、それが難しい場合にも、意見を聞くことが必要である。虐待ケース等において、保護者に支援計画に関して説明することが子どもの利益を図る上で難しい場合には、関係機関間でこのことを確認しておく。

⑪ ケースの進行管理・再評価

　子どもと家庭の状況、及び支援の進捗状況について、定期的に観察（モニタリング）を行う。誰がどのようにモニタリングを行うか、どのような情報を収集するのか、それをどこに集約するかを明確にしておくことが重要であり、特に状況に変化があったときやリスクが高まったときの対応について、決めておく。一般的には、子どもや家庭と身近に関わる保育所・学校・民生委員等、地域関係者が日常的な見守りを行うことが多いが、先を見通して、どのような事実があったときに、誰がどのようにそれをキャッチし、どこに集約するか、具体的な手順を明確にしておく。
　モニタリングによって得た情報は分析し、子どもと家庭の状況についての再アセスメントを行う。支援を行うことによって、初期にはキャッチできなかったニーズが明確になってくることから、状況や問題を再確認し、さらに支援の効果測定を行う。問題が生じている場合や、支援が効果を発揮していないと判断した場合には、これを分析し、計画を見直

す。さらにケースの先を見通し、必要な支援を用意し、進めていく。

12 チームアプローチ

　チームアプローチとは、福祉、医療、保健、教育、心理等、多領域の機関・施設や専門職がチームとなってアプローチすることによって、包括的で質の高い支援を行うものである。今日、生活課題は多様な要素が絡み、複雑化していくことから、多職種が協働してアプローチすることが必要とされている。

　チームアプローチでは、それぞれの専門性に基づき意見交換を行うことで、多様な側面から生活課題を探ることができる。支援に際しては、共通目標を設定して、役割分担を明確にすることが重要である。異なる専門性や役割を持つことから関係不全が起きることもあり、効果的なチームアプローチのためには、日頃から顔見知りの関係をつくり、相互理解と平等な立場でのパートナーシップを形成しておくことが重要である。また、ケースのマネージメントを担う機関を明確にしておく。チームのマネージメントは、ソーシャルワークの重要な機能であり、多職種チームでアセスメント・プランニングを共有し、効果的にチームとしての力を発揮できるよう調整を行う。また、それぞれの専門性に基づき評価を行い、包括的なアセスメントに基づくプランニングの見直しと共有を促進する。

13 ケースカンファレンス（事例検討）

　ケースに関わる関係者が参加して、子どもや保護者の状況を確認し、具体的な支援について検討することである。

　それぞれの立場や専門性から、子どもと家庭に関する情報を提供し、それを関係者間で共有する。多領域の視点を用いて、包括的なアセスメントを行う。課題を整理し、支援について検討する。支援目標と計画を共有し、役割分担を明確にする会議である。

　特に多問題を抱えた家庭は、多機関・施設がすでに関わっているか、あるいは今後に対応が必要となることから、定期的に関係者を招集してケースカンファレンスを開催する。

ケースカンファレンスでは、情報の共有化を図り、アセスメントを行い、支援目標を設定し、このための効果的な支援について検討する。

　ケースカンファレンスを行うためには、ケースに関わる多様な関係者の招集、必要な資料の確認、会議録の作成、関係機関等の連絡調整を行う調整担当者が必要となる。ケースカンファレンスの結果は簡潔な記録にまとめて、関係者に配布し、認識を確実に共有する。これによって、関係者間の相互理解と協働力を高め、問題解決に向けてチームとして共に働く。

14 妊娠期におけるソーシャルワーク

　児童福祉法には、特定妊婦として、「出産後の養育について出産前において支援を行うことが特に必要と認められる妊婦」が記されている。若年（10代）、精神科の受診歴、予期しない妊娠、計画していない妊娠、被虐待歴、経済的困窮、DVを受けているなど、複数のリスクが複雑に絡み合い、出産後の養育困難が妊娠中から懸念される状況にある。

　このようにリスクの高い特定妊婦が、安全に出産し、安定して子育てを行うためには、母子保健を中心として特定妊婦を確実に把握する体制を整備し、出産後も一貫した切れ目のない支援を行うことが必要となる。さらに、母子保健担当、医療機関、支援拠点、生活保護、入院助産、母子生活支援施設、婦人相談、障がい児・者福祉等、複数の関係機関が連携してニーズアセスメントを行い、出産後に必要な福祉施策に適切につなげられるよう、支援を展開する。特に虐待の発生予防の観点から、母子分離が必要と判断したケースについては、要保護児童対策地域協議会において進行管理をし、また児童相談所との連携が必要である。

引用・参考文献
- ❻「市町村子ども家庭支援指針」（ガイドライン）雇児発0331第47号 平成29年3月31日、子発0720第7号 平成30年7月20日。
- ⓮「市町村子ども家庭支援指針」（ガイドライン）雇児発0331第47号 平成29年3月31日、子発0720第7号 平成7月20日。

さらに深く学ぶ人のために

❶ 国際ソーシャルワーカー連盟（IFSW）・国際ソーシャルワーク学校連盟（IASSW）、社団法人日本社会福祉教育学校連盟・社会福祉専門職団体協議会訳「ソーシャルワーク専門職のグローバル定義（日本語訳版）」2014年。

ゾフィア・T・ブトゥリム著、川田誉音訳『THE NATURE OF SOCIAL WORK ソーシャルワークとは何か──その本質と機能』川島書店 1986年。

野村豊子・田中尚・北島英治・福島広子著『ソーシャルワーク・入門』有斐閣アルマ 2000年。

❷ M・E・リッチモンド著、小松源助訳『ソーシャル・ケース・ワークとは何か』中央法規出版 1991年。

H・M・バートレット著、小松源助訳『社会福祉実践の共通基盤』ミネルヴァ書房 2009年。

F・P・バイステック著、尾崎新・福田俊子・原田和幸訳『ケースワークの原則［新訳・改訂版］──援助関係を形成する技法』誠信書房 2006年。

❸ 「社会福祉士の倫理綱領」日本社会福祉士会 2005年。

岡村重夫著『社会福祉原論』全国社会福祉協議会 1997年。

北島英治著『ソーシャルワーク論（MINERVA 福祉専門職セミナー 19)』ミネルヴァ書房 2008年。

❹ 社会福祉士養成講座編集委員会編『相談援助の基盤と専門職［第3版］（新・社会福祉士養成講座6)』中央法規出版 2015年。

L・C・ジョンソン、S・J・ヤンカ著、山辺朗子・岩間伸之訳『ジェネラリスト・ソーシャルワーク』ミネルヴァ書房 2004年。

VII 子ども虐待対応

- ❶ 子ども虐待の一般的知識（現状と課題を含む）……………………… 69
- ❷ 子ども虐待対応の基本原則（基本事項）……………………………… 70
- ❸ 子ども虐待の発生予防………………… 71
- ❹ 子ども虐待における早期発見・早期対応……………………………… 72
- ❺ 通告の受理、安全確認………………… 72
- ❻ 通告時の聞き取り方…………………… 73
- ❼ 通告時の危機アセスメント、初期マネージメント…………………… 73
- ❽ 調　査………………………………… 76
- ❾ 子ども虐待における保護・支援（在宅支援・分離保護・養育・家庭支援）………………………………… 77
- ❿ 子ども虐待事例のケースマネージメント（アセスメント・プランニング）……………………………… 78
- ⓫ 子ども虐待の重大な被害を受けた事例（死亡事例を含む）の検証の理解…………………………………… 78
- ⓬ 虐待・ネグレクトが子どもに与える心理・行動的影響……………… 79
- ⓭ 子ども虐待事例の心理療法…………… 80
- ⓮ 事実や所見等に基づく虐待鑑別・判断………………………………… 80
- ⓯ 被害事実確認面接についての理解…………………………………… 81
- ⓰ 警察・検察など関係機関との連携の必要性・あり方………………… 82
- ⓱ 特別な支援が必要な事例（代理によるミュンヒハウゼン症候群(MSBP)、医療ネグレクト等）の理解……… 83
- ⓲ 乳児揺さぶられ症候群（SBS）、虐待による頭部外傷（AHT）への対応………………………………… 83
- ⓳ 性的虐待の理解と初期対応…………… 84
- ⓴ 性的虐待の調査、刑法改正…………… 85
- ㉑ 性的虐待被害児の理解と対応・治療…………………………………… 86
- ㉒ 居住実態が把握できない児童への対応…………………………… 86
- ㉓ 無戸籍児童への対応…………………… 87

子ども虐待の一般的知識（現状と課題を含む）

　日本においては1990年代に入ってから、子ども虐待は特定の家庭だけに起こることではなく、どこの家庭でも起こり得ることとして認識されはじめ、今や社会問題となっている。この背景には、都市化や核家族化による子育ての孤立化や家庭の養育機能の低下があると考えられている。

　厚生省（現・厚生労働省）は、1990年から児童相談所における子ども虐待の相談対応件数を集計している。平成2年度では1,101件であったが、平成28年度には122,575件となり、増加の一途をたどっている。これは、人々の子ども虐待への関心の高まりなどにより、気づき、相談する人々が増えていることの現れでもある。

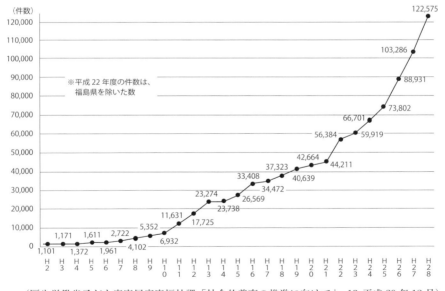

図表7-1-1　児童相談所における子ども虐待相談件数

（厚生労働省子ども家庭局家庭福祉課「社会的養育の推進に向けて」p13, 平成29年12月）

　児童虐待の防止等に関する法律（以下、児童虐待防止法）において、「『児童虐待』とは、保護者（親権を行う者、未成年後見人その他の者で、児童を現に監護するものをいう）がその監護する児童（18歳に満たない者をいう）について行う次に掲げる行為をいう」（第2条）と定義され、四つの種類（身体的虐待、性的虐待、ネグレクト、心理的虐待）が示されている。

❷ 子ども虐待対応の基本原則（基本事項）

『子ども虐待対応の手引き（平成25年8月改正版）』には原則が八つ挙げられている。

（1）迅速な対応
子ども虐待への対応は48時間以内の事実確認が必要であり、夜間や休日に発生することもあるため、緊急対応の体制を整備しなければならない。

（2）子どもの安全確保の優先
子ども虐待対応では、子どもの安全確保が最優先事項である。虐待を行った保護者を支援につなげることが基本であるが、一方で、子どもの安全を確保するためには、毅然として保護者に対することが求められる。

（3）家族の構造的問題としての把握
子ども虐待が生じる家族には多様な問題が存在し、それらが複合、連鎖的に作用して虐待にいたっている。支援を検討する際は家族を総合的・構造的に把握しなければならない。

（4）十分な情報収集と正確なアセスメント
虐待の状況や背景を理解するためには、情報の十分な収集が肝要である。そして収集した情報を基に、組織として正確なアセスメントを実施することが、的確な判断につながる。

（5）組織的な対応
子ども虐待対応では、担当者ひとりでケースワークを行うことを避けなければならない。緊急受理会議や援助方針決定なども組織的に進めていく。また、困難な保護者への対応などは、複数の職員で対応する。

（6）十分な説明と見通しを示す
市区町村や児童相談所は親子に対して、なぜ関わる必要があるのか、どういう支援がで

きるのかを丁寧に説明し、改善に向けての見通しを示すことが大切である。

（7）法的対応など的確な手法の選択
児童相談所は、他の機関では代替できない権限を有する機関であることを認識し、権限を行使する社会的使命を担っているという自覚を持つ必要がある。

（8）多機関の連携による支援
子ども虐待の予防や支援は、地域の関係者が協働して取り組むことが大切である。

❸ 子ども虐待の発生予防

　子ども虐待の発生予防は、子どもが生活する身近な地域で行われることが基本である。2004年の児童福祉法改正により、市区町村は子どもと家庭の相談に応じることが明確にされ、要保護児童対策地域協議会の設置や子育て支援事業の実施が法定化された。子育て支援事業は、虐待の未然防止につながるものであり、2015年からの子ども・子育て支援新制度では、利用者支援事業、地域子育て支援拠点事業、妊婦健康診査、乳児家庭全戸訪問事業、養育支援訪問事業、子育て短期支援事業、ファミリー・サポート・センター事業（子育て援助活動支援事業）、一時預かり事業等が実施されている。

　2016年の児童福祉法改正では、さまざまな機関が個別に行っている支援について、妊娠期から子育て期にわたる切れ目ない支援を行うワンストップ拠点「子育て世代包括支援センター」の全国展開を目指すこととされた。母子保健法第22条に同センターの設置根拠（法上の名称は「母子健康包括支援センター」）を設け、市区町村に設置努力を課す。また、支援を要する妊婦や要支援家庭を把握した関係機関等が市区町村に対し情報提供することや、子育て家庭に対するアウトリーチ型の支援を実施していくことが示されている。

◆4 子ども虐待における早期発見・早期対応

　子ども虐待の早期発見を図るためには、広く相談・通告がなされることが不可欠である。児童虐待防止法では、「児童虐待を受けたと思われる児童」を発見した者は、速やかに、これを市区町村、福祉事務所もしくは児童相談所に通告しなければならない（第6条）。通告者に対し、通告者が虐待かどうかを判断する必要はないこと、通告者の秘密は守られることを伝え、通告者が安心して話ができるように配慮することが大切である。また、学校、児童福祉施設、その他子どもの福祉に業務上関係のある団体及び学校の教職員、児童福祉施設の職員、その他子どもの福祉に職務上関係のある者は、子ども虐待を発見しやすい立場にあることを自覚し、子ども虐待の早期発見に努めなければならない（第5条）。

　相談・通告等への対応に関しては、「市町村子ども家庭支援指針」（ガイドライン）及び「児童相談所運営指針」に基づき実施される。相談・通告の中には、子どもの生命に関わる問題が含まれていることから、迅速かつ的確な初期対応を行うことが重要である。子どもの安全確認の方法と時期、緊急性の判断、子どもの被虐待状況（症状・程度）の把握、初期調査（虐待通告の正確な内容把握と事実の確認、関係機関の確認）等を行う。

　市区町村では、児童相談所への送致の要否等についても検討することとなる。安全確認は、市区町村職員または当該市区町村が依頼した者により、子どもを直接目視することにより行うことを基本とし、対応にあたっては、あらかじめ児童相談所と初期対応のあり方等について協議しておくことが適当である。

◆5 通告の受理、安全確認

　子ども虐待が疑われる情報は、さまざまな機関や関係者から寄せられるが、明確に「通告」の形式をとっていなくても、その内容により通告として受理する必要がある。

　受理した後は直ちに緊急受理会議を開催して、収集すべき情報の内容や事実確認の方法を検討する。事実確認については、住基情報や健診受診情報、保育所情報等、関係機関が

把握している情報を収集するだけでなく、厚生労働省の通知にあるよう最大 48 時間ルール（p.70（1）参照）に従い、直接子どもの状況を目視することが求められる。

このようにして集まった情報を総合して、虐待の有無や緊急保護の必要性等について組織的に検討する。ただ、情報収集に時間をかけすぎると危険度の判断が遅くなることに留意し、簡単な初期調査で受理内容を整理し、迅速に判断することが必要である。

6　通告時の聞き取り方

通告受理時の聞き取りは、関係機関からの場合は通告受理票等に従ってスピーディーに行える。

しかし近隣住民や親族等からの場合の聞き取りは、安心感が持てるように丁寧な説明や細かな配慮が必要となる。そのため、通告へのねぎらいと同時に、どのような心配があって通告しようと思ったかという点を中心に聞く必要がある。

また通告者の秘密については法律で守られていることを伝えて安心感を持たせることを心がける。その上で、匿名での通告も可能であるが、今後の支援のために可能であれば連絡先を聞き取ることにも努める。

関係機関からであれ家族や親族、近隣からであれ、心配される状況やその頻度等について詳しく聞き取ることが、危険度判断の重要な資料となるので、聞き取りの際には具体的な事実を十分に押さえておく必要がある。

7　通告時の危機アセスメント、初期マネージメント

虐待通告を受けて行われる緊急（初期）調査においては、子どもの安全が最優先で検討される。その場合における緊急保護の必要性の判断は、厚生労働省の通知である「子ども虐待対応の手引き」で示されている一時保護決定に向けたアセスメントシートと判断のフローチャートに従って決定される。

特に加害者と同居している状態での性被害等身体的な安全が担保されていない場合は職権による一時保護が検討される必要があるが、これはあくまで児童相談所における組織的な判断として行われる。

　緊急保護の必要性がない場合においても、共通リスクアセスメントシート等のアセスメントシートを使い、子どもや家族の情報を整理した上で、児童相談所が主担当になって対応するのか、要保護児童対策地域協議会として多機関による支援を行うのかの判断が求められる。またアセスメントシートを使用することで必要な情報の漏れをなくすと同時に、危険度の判断だけでなく子どもや家族の抱える課題が明らかになり、支援が必要な課題が明確になる。

図表7-7-1　一時保護決定に向けてのアセスメントシート

① 当事者が保護を求めている？	☐ はい ☐ いいえ
☐ 子ども自身が保護・救済を求めている ☐ 保護者が、子どもの保護を求めている	＊情報

② 当事者の訴える状況が差し迫っている？	☐ はい ☐ いいえ
☐ 確認にはいたらないものの性的虐待の疑いが濃厚であるなど ☐ このままでは「何をしでかすか分からない」「殺してしまいそう」などの訴えなど	

③ すでに虐待により重大な結果が生じている？	☐ はい ☐ いいえ
☐ 性的虐待（性交、性的行為の強要、妊娠、性感染症罹患） ☐ 外傷（外傷の種類と箇所：　　　　　　　　　　　　　　　　　　　） ☐ ネグレクト 　　例：栄養失調、衰弱、脱水症状、医療放棄、治療拒否、（　　　　　　）	

④ 次に何か起これば、重大な結果が生じる可能性が高い？	☐ はい ☐ いいえ
☐ 乳幼児 ☐ 生命に危険な行為 　　例：頭部打撃、顔面攻撃、首締め、シェーキング、道具を使った体罰、逆さ吊り、戸外放置、溺れさせる、（　　　　　　　　　　　　　　　　　　　　　　　　　　　） ☐ 性的行為に至らない性的虐待、（　　　　　　　　　　　　　　　）	

⑤ 虐待が繰り返される可能性が高い？	☐ はい ☐ いいえ
☐ 新旧混在した傷、入院歴、（　　　　　　　　　　　　　　　　　） ☐ 過去の介入 　　例：複数の通告、過去の相談歴、一時保護歴、施設入所歴、「きょうだい」の虐待歴 　　（　　　　　　　　　　　　　　　　　　　　　　　　　　　　） ☐ 保護者に虐待の認識・自覚なし ☐ 保護者の精神的不安定さ、判断力の衰弱	

⑥ 虐待の影響と思われる症状が子どもに表れている？	☐ はい ☐ いいえ
☐ 保護者への拒否感、恐れ、おびえ、不安、（　　　　　　　　　　） ☐ 面接場面での様子 　　例：無表情、表情が暗い、鬱的体の緊張、過度のスキンシップを求める、（　　　） ☐ 虐待に起因する身体的症状 　　例：発育・発達の遅れ、腹痛、嘔吐、白髪化、脱毛、（　　　　　）	

⑦ 保護者に虐待につながるリスク要因がある？	☐ はい ☐ いいえ
☐ 子どもへの拒否的感情・態度 　　例：拒否、愛情欠如、差別など不当な扱い、望まない妊娠出産、<u>母子健康手帳未発行</u>、<u>乳幼児健診未受診</u>、（　　　　　　　　　　　　　　　　　　　　　　　　） ☐ 精神状態の問題 　　例：鬱的、精神的に不安定、妊娠・出産のストレス、育児ノイローゼ、（　　　） ☐ 性格的問題 　　例：衝動的、攻撃的、未熟性、（　　　　　　　　　　　　　　　） ☐ アルコール・薬物等の問題 　　例：現在常用している、過去に経験がある、（　　　　　　　　　） ☐ 公的機関等からの援助に対し拒否的あるいは改善が見られない、改善するつもりがない ☐ 家族・同居者間での暴力（DV等）、不和 ☐ 日常的に子どもを守る人がいない	

⑧ 虐待の発生につながる可能性のある家族環境等	☐ はい ☐ いいえ
☐ 虐待によるのではない子どもの生育上の問題等 　　例：発達や発育の遅れ、未熟児、障害、慢性疾患、（　　　　　　） ☐ 子どもの問題行動 　　例：攻撃的、盗み、家出、徘徊、虚言、性的逸脱、退行、自傷行為、盗み食い、異食、過食、（　　　　　　　　　　　　　　　　　　　　　　　　　　　　　　　　） ☐ 保護者の生育歴 　　例：被虐待歴、愛されなかった思い、（　　　　　　　　　　　） ☐ 養育態度・知識の問題 　　例：意欲なし、知識不足、不適切、期待過剰、家事能力不足、（　　　） ☐ 家族状況 　　例：保護者等（祖父母、養父母等を含む）の死亡・失踪、離婚、妊娠・出産、ひとり親家庭等、（　　　　　　　　　　　　　　　　　　　　　　　　　　　　）	

（「子ども虐待対応の手引き（平成25年8月改正版）」表5-1 雇児総発0823第1号 平成25年8月23日）

図表 7-7-2　一時保護に向けてのフローチャート

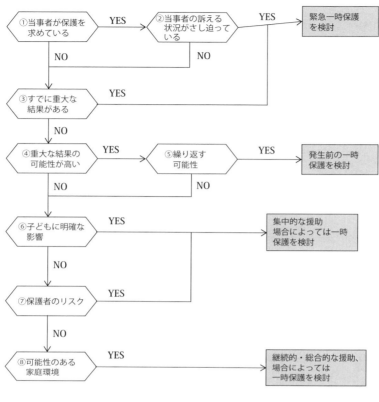

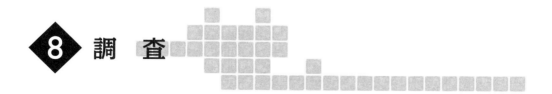

（「子ども虐待対応の手引き（平成25年8月改正版）」図5-2 雇児総発0823第1号 平成25年8月23日）

❽ 調　査

　調査においては通告内容の確認とともに、子どもや家族に関する幅広い情報を集めることが必要である。そのため最初に行政情報や子どもの所属機関等から情報を得るが、伝聞情報等の情報の質を確認し、できるだけ具体的・客観的な情報の収集に努めなければなら

ない。ただ虐待の疑いが持たれたことは重大な個人情報であり、調査の結果、虐待とは判断されないこともある。そのため子どもの所属機関や民生委員等に調査する場合は、「○○くんについて、最近心配なことはありますか」など、聞き取りには十分な配慮が必要である。

また虐待が疑われる場合には直接子どもや家族に会う必要があるが、この最初の接触から支援が始まっているため、取り調べのような口調ではなく、非審判的な態度が必要である。特に保健師や相談員は在宅支援で中心的な役割を担うことから、家族に会う場合に、事実確認と支援者としてのいたわりの両方が同時に求められる。

なお子どもの安否が確認できない場合には、何度も家庭訪問して家族の理解を得るように努めるのが前提ではあるが、それでも無理な場合は児童相談所の権限である立入調査や臨検が必要になることも考慮する必要がある。

❾ 子ども虐待における保護・支援
（在宅支援・分離保護・養育・家庭支援）

子ども虐待への対応はすべて子どもと家族に対する支援と捉えることができる。

子ども虐待は、子ども自身の発達課題や養育者の経済状況や生育歴、親子関係、親族や近隣からの孤立等、多様な要因が複雑に絡み合って出現する。このように子どもや家族が抱える課題に対して、さまざまな子育て支援サービスの活用やネットワークでの支援を行い、虐待が起こらないための発生予防や起こってしまった虐待が再発しないような、予防的な取り組みが必要である。

しかし子どもの安全が確保されていない場合は分離保護が優先される。また養育者との関係が十分できず対立関係になれば、在宅支援での虐待状況の改善は困難になる。このように養育者と連携した支援が行えない場合であっても市区町村や児童相談所は、子どもの安全確保と子どもや家族が抱える課題の解決に向けて支援したいという意図と、そのための長期的な支援計画等について十分な説明が、子どもと家族に必要である。

子ども虐待事例のケースマネージメント
（アセスメント・プランニング）

　一般事例より家族の抱える課題が複雑で子どもの安全も確保されていないことが多い子ども虐待の支援においては、アセスメント→支援プランづくり（Plan）→支援の実施（Do）→状況の確認（Check）→改善（Action）というPDCAサイクルの繰り返しが必要となる。

　特に集まった情報から課題を抽出するアセスメントにおいては、教育や医療等を含めた総合的な子どもと家族の課題の整理が必要となる。またプランニングにおいては、多機関で長期目標を一致させた上で中～短期の目標を定めて役割分担を行うと同時に、定期的な見直しの時期を決めておくことが重要である。

　このケースマネージメントは、児童相談所や市区町村等、単独組織だけで対応している場合も必要であるが、子ども虐待事例では要保護児童対策地域協議会等の多機関の連携による支援が行われることが多い。そのため、①主担当機関の明確化、②重要な情報の共有、③支援策の役割分担、④支援の効果測定、などで誤解や不明確になる可能性は高い。そのため進行管理会議等を活用して定期的にケースの見直しを行うなど、児童相談所でのケース対応や要保護児童対策地域協議会管理ケースが適正にマネージメント（管理）されることが必要である。

子ども虐待の重大な被害を受けた事例
（死亡事例を含む）の検証の理解

　「児童虐待の防止等に関する法律の一部を改正する法律」（2004年4月に改正、同年10月に施行）において、新たに第4条第5項が設けられ、国及び地方公共団体の責務として、「児童虐待の防止等のために必要な事項についての調査研究及び検証を行う」ことが明確にされ、委員会や部会を設置して児童虐待事例の検証が行われることになった。子どもの死亡という最悪の結果にいたる前にこれを防ぐ手立てがなかったのか、どのような対応を

とるべきであったのか、さらに今後どのような対策を強化・推進する必要があるのかなど、再発防止のために検証を行い、提言をまとめて報告している。特に国では、継続的・定期的に全国の児童虐待による死亡事例等を分析・検証し、全国の児童福祉関係者が認識すべき共通の課題とその対応を取りまとめ、制度やその運用についての改善を促している。

しかし検証する事例が後をたたず、毎年報告されているのが現状である。行政が関与していない事例の検証がなされていない、周知が十分でないなどの課題もみられる。子ども一人ひとりの死を重く受け止め、子どもの死のメッセージを決して無駄にしないためにも、研修等での活用が望まれる。

虐待・ネグレクトが子どもに与える心理・行動的影響

虐待やネグレクトが子どもの心理や行動に及ぼす影響は、たとえ同じ境遇を体験したとしても子どもによって一様ではない。幼児期においてはアタッチメント障害としての対人行動の問題を見せる子どももいれば、脱抑制をきたす子どももいる。学齢期には知的発達の遅れをきたしたり発達障害に酷似する表出をしたりする子どももいれば、状況を過剰に了解し、過剰に適応をしていく子どももいる。思春期にひたすら孤立していく子どももいる反面で、反社会的な行動を繰り返す子どもも現れるのである。彼らがしばしば呈する解離が精神の分断であるとすれば、統合されない感覚やセルフケアの不足は身体の分断である。さらに青年期以降には、人格障害にも似た不安定な対人関係をみせる子どももいれば、抑うつや（強迫性障害や摂食障害等の）神経症的な表出が始まる子どもも存在する。こうした現象を個々に了解し、対処するだけでなく、そうした現象の背後にあって苦しむ主体であり続ける子どもの存在から目をそらしてはならない。

これらの心理・行動的な問題を不可逆なものとしないために必要なのは、子どもにとって常に希望を与え続けることができる関わり手の存在そのものなのである。

13 子ども虐待事例の心理療法

　虐待を受けた子どもたちの心の症状は、虐待を受けた年齢、虐待の様相や深刻さ、子どもの発達状況や、置かれている環境等により、極めて多彩であるので、そのような事例に対する心理療法も、それに見合うだけの多様性をそなえていなくてはならない。すなわち、子どもが置かれている心理状況のアセスメントが正確になされていることが基本であり、その上に治療的な関わりが融通無碍に展開されることが基本であるとともに理想である。

　子どもの持つ困難が、心的外傷体験に根ざすと見なし得れば、トラウマ処理に焦点が当てられるべきであろうし、愛着形成過程が阻害されていることにあると考えられれば、愛着修復を念頭に置く必要がある。発達課題の未達成に由来すると考えられれば発達支援的な関わりに重点が置かれる必要があるし、自尊感情の低下が問題であれば、自己覚知や自立課題を扱う必要がある。現在、それらを扱う細分化した治療技法が存在していて、それらを網羅的に習得することは現実的ではない。

　いずれかの技法に習熟することは重要だが、さらに重要なことは、さまざまな技法が存在することを了解するとともに、それにとらわれずにあくまでも子どもの全人的なあり方を支えることを基盤にして関わり続けることなのである。

14 事実や所見等に基づく虐待鑑別・判断

　子ども虐待対応で最初に求められるのは、通告された事実が虐待かどうか判断することである。そのためには、調査により収集された情報を総合的に検討しなければならない。特に伝聞情報や推測については、その根拠を明確にする必要がある。

　まず最初に子どもの安全性についての確認と緊急保護の必要性が判断される。特に性虐待や外傷があり養育者が加害を否定している場合には、被害状況と養育者の説明の整合性について法医学的な評価が必要であり、時にはセカンドオピニオンを得るなど医療との連携は欠かせない。そのため、産婦人科や外科等で虐待の有無を判断できる医療機関と日常

的に連携しておくことが必要である。

また危険度が高くなく、直ちに一時保護を必要としない場合でも在宅支援を行うためには、暴力や不潔等の表面的に観察できる家庭状況だけでなく、親子関係や夫婦関係等、家族機能を含めた総合的な判断が必要となる。

被害事実確認面接についての理解

（1）定　義

海外で開発された調査面接の手法。司法面接の面接法の訓練を受けた面接者が、被害を受けた子どもに対して、年齢や特性に配慮し、その供述結果を司法手続きで利用することを想定して実施する事実確認のための面接。

（2）行い方

原則1回限りの面接とする。子どもが何度も被害事実の聴取を受けることは、そのたびに被害を再体験し、さらなるトラウマを負う。また何度も聞くことで子どもの記憶が汚染されてしまう。このため、子どもに関わる各機関がバックスタッフとして別室で面接を観察し、電話等で面接者への助言を行い、一度で必要十分な内容を聞き取れるようにする。

（3）三機関連携

2015年10月厚生労働省、最高検察庁、警察庁から同時に「子どもの心理的負担等に配慮した面接の取り組みに向けた連携強化について」の通知が出された。三機関を代表した1名が聞き取りを行うこと、調査や捜査の段階で可能な限り同じ内容の話を繰り返し聴取しないことなどを求めた通知である。以後全国的に特に性的虐待において、虐待の疑いを察知した場合はほかの2機関に速やかに連絡を取り、面接の仕方、今後の調査、捜査の進め方等を事前に協議し、協同で面接を行う流れとなっている。

（4）三機関連携の留意点

三機関連携で協同面接を行う際には、子どもの傷つきを最小限にするため及び子どもからの開示を最大限に引き出すためにどの機関の職員が面接をするか、どう工夫すれば面接回数を最小限に抑えられるかなどを事前に三機関で十分に話し合う。事件化するためにや

むをえず警察による事情聴取が複数回行われる際にも、できるだけ面接回数を少なくする努力や被害を受けた子どもが事実を話しやすいよう、できる限り威圧感のない環境を提供する方法（面接場所の設定、児童相談所職員のつきそい等）を三機関で十分に話し合う必要がある。

警察・検察など関係機関との連携の必要性・あり方

　児童虐待は深刻な児童福祉侵害事案であり、それは重大な人権侵害、場合によっては違法な犯罪事件という側面も併せ持つ。

　児童福祉機関関係者が刑事・司法機関、警察・検察官と連携するうえで忘れてならないことは、それぞれの組織が準拠する法律、使命・目指すところの違いである。

　児童福祉は、子どもを主人公とした安全の確保と、地域での家庭生活や親子・家族関係がより健全なものとなる児童家庭福祉の向上であり、そのための長期にわたる継続的な支援が柱となる。これに対して警察・検察は、特定の犯罪行為の発見と抑止、時を置かずに犯罪捜査に着手し、速やかに犯罪者を摘発し処罰すること、犯罪からの市民の安全を確保し、社会の治安を守ることである。共に子どもの安全の確保という点では共通する目標を持つが、児童福祉が子どもと家族を修復・支援の対象と考えるのに対して、警察・検察は不適切行為を行った者を摘発し、その行為が犯罪にあたるか、その行為事実が処罰に値するか、行為責任を問えるか、関係者を捜査・立件、時に訴追・起訴の対象とする。この違いは互いによく意識されておく必要がある。

　例えば児童福祉機関が警察・検察に何らかの特定事案に関わる相談・依頼をかける際には、具体的な対象者の人定情報は基本的に必須事項であることを知っておく必要がある。

　犯罪行為が立件・立証できない事案は刑事訴訟法では容疑者の利益が保証され、無罪とされる。いったん無罪と審判された事案が再び刑事捜査の対象となることは例外的なことである。ただし有罪と立証されなかったことだけで、真の無実が証明されたことにはならない。刑事訴訟法が疑わしきは無罪とすることと、児童福祉法が疑わしきは子どもの保護とすることは併行する法的判断として成立する。

　こうした違いと共通性について、顔の見える関係を保ち、時に誤解や摩擦を生じて対立しながらも、互いをよく知り、子どもの安全と福祉のための協同作業を進めていく経験を

積み上げることが重要である。

17 特別な支援が必要な事例（代理によるミュンヒハウゼン症候群（MSBP）、医療ネグレクト等）の理解

　児童虐待には医療現場で発見される「代理によるミュンヒハウゼン症候群」、「医療ネグレクト」のような特殊型もある。

　「代理によるミュンヒハウゼン症候群」は加害者（主に母親）が、かいがいしく面倒をみることで自らの心の安定をはかるために、子どもに病気をつくり、医師がさまざまな検査や治療が必要であると誤診するような虚偽や症状を捏造するものである。

　「医療ネグレクト」は、医療を受けなければ子どもの生命・身体・精神に重大な影響が及ぶ可能性が高いにもかかわらず、保護者が治療に同意をしなかったり、治療を受けさせる義務を怠ったりすることである。手術や輸血に同意しないなど、健康に重大な被害を与える危惧があり、安全確保のため緊急の必要がある場合には、厚生労働省通知や親権停止制度（改正民法）を活用する。

　これらの特殊型は、「まさかこの親が虐待等するはずがない」との先入観を持ちがちであるため、親子の様子等から何か「おかしい」と、まず疑うことや鑑別診断として医師に確認することが大切である。

18 乳児揺さぶられ症候群（SBS）、虐待による頭部外傷（AHT）への対応

　SBSはほとんどが2歳以下、特に6か月以下の乳児にみられる身体的虐待である。子どもが激しく揺すぶられることにより、頭蓋内に出血や浮腫を起こすもので、意識障害やけいれんで医療機関に運び込まれ、頭部CT等で発見される。SBSは泣いている子どもをなだめようと、いろいろ努力しても泣き止まないときに、いらだって激しく揺さぶってしまうことで発症することが多いと予測されている。そのため、揺さぶることの危険性

と、子どもが激しく泣いたときの対処の仕方を親にアドバイスしておくことで予防できるといわれている。

　虐待による頭部外傷の特徴として、①1歳未満が多い、②病態は急性硬膜下血腫が多い、③来院時の主症状は、けいれん、意識障害、呼吸障害が多い、④眼底出血の合併が多い、⑤打撲、やけど等の体表の外傷の合併することもあるが、外傷所見がみられないこともある。家庭内で一般的な生活で起こる転落等での事故では、乳幼児に致命的な頭部外傷が起きるのは稀であり、虐待の存在を考えるべきである。致命率が高いため退院を防ぐための一時保護委託の検討も必要になるため、児童相談所の早急な対応と支援策の慎重な判断が求められる。

19 性的虐待の理解と初期対応

　性的虐待はもっとも発見されにくい虐待のひとつである。虐待の発生から、虐待が開示・発見されるまで数年を要することも多い。性的虐待は心的外傷後ストレス障害（PTSD）や解離性障害、抑うつ等深刻で長期的な影響をもたらすことも少なくない。

　学校や市区町村の職員等が性的虐待の疑いを発見したり、子どもから性的虐待の開示があったら、根掘り葉掘り聞かず、「誰に、何をされた」のみ簡潔に聞き取り、できるだけ早く児童相談所に通告する。

　性的虐待の開示があれば、児童相談所は子どもの安全確保のため一時保護することが多い。ただし、非加害親が虐待した親と別居するなどして子どもの安全を十分に守れると判断した場合はこの限りではない。

　性的虐待の被害後おおむね72時間以内の場合で、精液等の証拠が取れる可能性があれば、警察と連携し、証拠の取れる婦人科または下記の専門的研修を受けた医師を受診する。性器裂傷等の身体的外傷は72時間以内の受診であれば見つけられる可能性が高い。そのため72時間以内に、虐待全般について専門的研修を受けた小児科医または婦人科医への受診がもっとも望ましい。また、72時間以内であれば緊急避妊薬を服用すれば妊娠を防げる可能性が高い。本人及び非加害親に説明し、緊急避妊薬を服用するかどうかを決め、緊急避妊薬を処方できる婦人科を受診する。なお、挿入を受けた性的虐待の子どもでも性器・肛門は損傷していないことも多い。損傷がないからといって性的虐待はなかったと判断してはならない。

性的虐待を受けた子どものためには「虐待被害児診察技術研修」[※]を受けた専門的医師による系統的全身診察の診察法がもっとも望ましい。これは診察の際の子どもの苦痛を最小限にする性的虐待の診察法である。なお診察の前の丁寧な説明、診察後の心理的フォローも大切になる。

※「虐待被害児診察技術研修」はチャイルドファーストジャパン及び子どもの虐待防止センターが主催して行っている。これら主催者では、問い合わせに対して、その地域の受講修了者の承諾・同意の上で、虐待被害児診察技術研修を修了した医師を紹介している。

⓴ 性的虐待の調査、刑法改正

　子どもへの聞き取り調査は、誘導しないで事実を聞き取る必要がある。性的虐待に関わる児童相談所職員、警察官、検察官は司法面接の面接手法を学び、協同して被害確認面接を行い事実の聴取・調査をする。これにより子どもの記憶や供述が汚染されることを防ぎ、トラウマも最小限度に留められる。被害確認面接後、事件化することが適当かを三機関で検討することになる。

　2017年6月刑法の性犯罪に関する罰則が改正され、同年7月から施行された。(準)強姦罪および(準)強制わいせつ罪が、非親告罪化され、起訴にあたり、被害児本人や非加害親による告訴が不要となった。強姦罪の定義と法定刑の下限も変更され、強制性交等罪となり、強姦罪では陰茎の膣への挿入につき懲役3年以上だったが、強制性交等罪では陰茎の膣・肛門・口腔内への挿入につき懲役5年以上となった。また、家庭内の性的虐待については監護者わいせつ罪、監護者性交等罪が新設され、13歳以上についても虐待者からの暴行・脅迫がなくとも強制性交等罪、強制わいせつ罪と同じ処罰ができることとなっている。事件化するべきと判断した場合は、そのことを被害児本人や非加害親に弁護士の協力を得るなどして十分説明する。説明しても子どもが事件化を望まない場合、事件化は困難である。ただし、これらの罪の時効期間は犯罪から10年である。子どもの処罰意思が将来変化する可能性もあるため、医学的な証拠、被害確認面接の録音・録画結果の保存が必要となる。

　なお、今回の刑法改正では、「被害の相談、捜査、公判のあらゆる過程において、被害者となり得る男性や性的マイノリティーに対して不当な取扱いをしないこと」も附帯決議として付せられた。

21 性的虐待被害児の理解と対応・治療

性的虐待の開示には「開示のプロセス」があることを理解して対応する。子どもは初めから被害内容のすべてを話さず、開示のプロセスをふむことがある。
開示のプロセスは、①否認：性虐待を受けていても、受けていないと否認する ⇒ ②ためらいがち：「友だちが性被害を受けている」とか、「ちょっと触られただけ」など少なめに開示したりする ⇒ ③積極的：自分の被害事実を積極的に話す ⇒ ④撤回：性虐待はなかったと開示内容を撤回する ⇒ ⑤再度肯定：やはり性虐待を受けていたと被害を再度肯定する。このプロセスをすべて通るとは限らないが、子どもは性的虐待を少なめに開示したり、虐待はなかったと撤回しても、「大した被害ではない」「虐待はなかった」などと安易に判断してはならない。

性的虐待の子どもへの影響は多岐にわたり、深刻で長期化することが多い。性的虐待を受けた子どもにどんな影響があるのかを理解して子どもに関わる、トラウマインフォームドケアの考え方が大切になる。PTSD症状のある子どもにはTF-CBT（トラウマ焦点化認知行動療法）等の治療が有効である。

子どもの安全を確保するとともに、非加害親を初期から継続的に支援し、子どもの味方になってもらうことで子どもの予後がよくなる。

それぞれの児童相談所で、性的虐待ガイドラインを作成し、それをもとに対応することで、職員の異動があっても適切に対応できることが重要である。

22 居住実態が把握できない児童への対応

居住実態が把握できない児童とは、乳幼児健診未受診の場合や不登校（園）児への関わりの中で、訪問でも電話でも連絡が取れなくなった、または要保護児童等の進行管理時に居所がわからない場合に発見され、住民票の住所に居住実態がない、あるいはそこで把握ができない状態の児童のことをいう。その背景には、関係性構築の困難さや計画性の乏しさ、支援の断絶によるリスクの高さが考えられ、家族に危機的な状況が起こっていること

も考えられる。転居先が明らかな場合は情報提供や引き継ぎが必要となるが、居所が不明なときは乳幼児については保健センター、学齢児については教育委員会等関係機関と連携して情報収集に努める。そして、市区町村の住民基本台帳や戸籍、児童手当や児童扶養手当、そして医療助成、または国民健康保険等の担当課から情報収集を図り、手続き状況や最終の医療状況等を調査する。海外に出国している可能性が高ければ、東京入国管理局に出入国記録を確認する。また、要保護児童の場合や危険性があれば、児童相談所や警察への相談や、CA情報連絡システム（児童相談所間の情報共有システム）の活用を児童相談所に依頼することも必要となる。

　居所不明児への対応がスムーズにいくよう、関係機関内で連携を図っておくことや要保護児童対策地域協議会のシステムを構築しておくとよい。

23 無戸籍児童への対応

　子どもが出生した場合には通常14日以内に出生の届出をすることで、その子が戸籍に記載される。何らかの理由によって出生の届出をしないために戸籍に記載されない子が無戸籍児童である。その理由のひとつに、「離婚後300日問題」といわれるものがある。母が、元夫との離婚後300日以内に子を出産した場合には、その子は民法上元夫の子として扱われることになり、このような戸籍上の扱いを避けるために、母が子どもの出生の届出をしないことによって、子が戸籍に記載されず無戸籍になっているという問題である。ほかにも、手続きを行わないまま居所を転々としている事例もある。

　無戸籍であることで住民票を作成できず、国民健康保険の加入や児童手当や乳幼児医療のサービス、また就学通知の対象とならないなどの不利益が生じる。

　全国の法務局・地方法務局及びその支局または市区町村の戸籍窓口では、無戸籍解消のための相談を受けつけている。ほかにも、全国の弁護士会でも相談を受けつけており、各自治体でさまざまな取り組みがなされている。出生届の提出にいたらない子どもについて、調停手続き等が進められている場合などは、職権で住民票の記載を行うことができ、行政サービスを受けることが可能となる。各市区町村で状況を把握しておくことも必要である。

引用・参考文献

❶ 「社会的養育の推進に向けて」厚生労働省子ども家庭局家庭福祉課 13頁 平成29年12月。
　木村容子・有村大士編著『子ども家庭福祉〔第2版〕(新・基礎からの社会福祉⑦)』ミネルヴァ書房
　　　2018年。
❷ 「子ども虐待対応の手引き（平成25年8月 改正版)」雇児総発0823第1号 平成25年8月23日。
　「児童相談所運営指針」児発第133号 平成2年3月5日、子発1025第1号 平成30年10月25日。
　「市町村子ども家庭支援指針」(ガイドライン) 雇児発0331第47号 平成29年3月31日、子発0720
　　　第7号 平成30年7月20日。
❸ 『子ども・子育て支援新制度 なるほどBOOK（平成28年4月改訂版)』内閣府子ども・子育て本部
　　　平成28年。
　　　http://www8.cao.go.jp/shoushi/shinseido/event/publicity/naruhodo_book_2804.html
　「子育て世代包括支援センター業務ガイドライン」厚生労働省 平成29年8月。
　　　http://www.mhlw.go.jp/file/06-Seisakujouhou-11900000-Koyoukintoujidoukateikyoku/
　　　kosodatesedaigaidorain.pdf
　木村容子・有村大士編著『子ども家庭福祉〔第2版〕(新・基礎からの社会福祉⑦)』ミネルヴァ書房
　　　2018年。
❹ 「児童相談所運営指針」児発第133号 平成2年3月5日、子発1025第1号 平成30年10月25日。
　「市町村子ども家庭支援指針」(ガイドライン) 雇児発0331第47号 平成29年3月31日、子発0720
　　　第7号 平成30年7月20日。
　「子ども虐待対応の手引き（平成25年8月 改正版)」雇児総発0823第1号 平成25年8月23日。
❺ 「「虐待通告のあった児童の安全確認の手引き」について」雇児総発0930第2号 平成22年9月30日。
　「児童相談所運営指針」第3章第1節～第3節、児発第133号 平成2年3月5日、子発1025第1号
　　　平成30年10月25日。
　「市町村子ども家庭支援指針」(ガイドライン) 第2章第3節2～5、雇児発0331第47号 平成29年
　　　3月31日、子発0720第7号 平成30年7月20日。
❻ 「児童相談所運営指針」児発第133号 平成2年3月5日、子発1025第1号 平成30年10月25日。
　「市町村子ども家庭支援指針」(ガイドライン) 第2章第3節2～5、雇児発0331第47号 平成29年
　　　3月31日、子発0720第7号 平成30年7月20日。
　「児童虐待の通告者及び通告内容等の情報管理について」雇児総発1119第1号 平成22年11月19日。
❼ 「子ども虐待対応の手引き（平成25年8月 改正版)」表5-1「一時保護決定に向けてのアセスメント
　　　シート」図5-2「一時保護に向けてのフローチャート」雇児総発0823第1号 平成25年8月23日。
　「児童相談所運営指針」第3章第2節～第5節，児発第133号 平成2年3月5日、子発1025第1号
　　　平成30年10月25日。
　「市町村子ども家庭支援指針」(ガイドライン) 第2章第3節3、雇児発0331第47号 平成29年3月
　　　31日、子発0720第7号 平成30年7月20日。
　「児童虐待に係る児童相談所と市町村の共通リスクアセスメントツールについて」雇児総発0331第
　　　10号 平成29年3月31日。
❽ 「児童相談所運営指針」第3章第3節，児発第133号平成2年3月5日、子発1025第1号 平成30年
　　　10月25日。
　「市町村子ども家庭支援指針」(ガイドライン) 第2章第3節5、雇児発0331第47号 平成29年3月
　　　31日、子発0720第7号 平成30年7月20日。

⑨ 「児童相談所運営指針」第4章～第5章、児発第133号 平成2年3月5日、子発1025第1号 平成30年10月25日。
「市町村子ども家庭支援指針」（ガイドライン）」第2章第3節8、雇児発0331 47号 平成29年3月31日、子発0720第7号 平成30年7月20日。

⑩ 「児童相談所運営指針」第3章第4節～第6節、児発第133号 平成2年3月5日、子発1025第1号 平成30年10月25日。
「市町村子ども家庭支援指針」（ガイドライン）第2章第3節6～8・10、第2章第3節5、雇児発0331第47号 平成29年3月31日、子発0720第7号 平成30年7月20日。

⑪ 「児童虐待の防止等に関する法律」法律第82号 平成12年、法律第69号 平成29年。

⑭ 「児童相談所運営指針」第3章第4節～第6節、児発第133号 平成2年3月5日、子発1025第1号 平成30年10月25日。
「市町村子ども家庭支援指針」（ガイドライン）第2章第3節6、雇児発0331第47号 平成29年3月31日、子発0720第7号 平成30年7月20日。

⑯ 「児童虐待への対応における警察との連携の推進について」雇児総発0412第1号 平成24年4月12日。
「児童虐待への対応における取組の強化について（通達）」丁少発第55号、丁生企発第165号、丁地発第87号、丁刑企発第58号、丁捜一発第54号 平成24年4月12日。
「児童虐待への対応における検察との連携の推進について」雇児総発0626第1号 平成26年6月26日。
「児童相談所との連携の充実について」事務連絡 平成26年6月26日。
「子どもの心理的負担等に配慮した面接の取組に向けた警察・検察との更なる連携強化について」雇児総発1028第1号 平成27年10月28日。
「児童を被害者等とする事案への対応における検察及び児童相談所との更なる連携強化について」丁刑企発第69号、丁生企発第642号、丁少発第254号、丁捜一発第121号 平成27年10月28日。
「警察及び児童相談所との更なる連携強化について（通知）」最高検刑第103号 平成27年10月28日。

⑰ 日本小児科学会ホームページ「子ども虐待診療手引き」
http://www.jpeds.or.jp/modules/guidelines/index.php?content_id=25 （2018年2月25日閲覧）
「医療ネグレクトにより児童の生命・身体に重大な影響がある場合の対応について」雇児総発0309第2号 平成24年3月9日。
「民法等の一部改正に関する法律」法律第61号 平成23年。
「児童虐待の防止等に関する法律」法律第82号 平成12年、法律第69号 平成29年。
東京都福祉保健局少子社会対策部子ども医療課・社会福祉法人子どもの虐待防止センター編「かかりつけ医・歯科医のための児童虐待対応ハンドブック」平成19年度。

⑱ 日本小児科学会ホームページ「子ども虐待診療手引き」
http://www.jpeds.or.jp/modules/guidelines/index.php?content_id=25 （2018年2月25日閲覧）
東京都福祉保健局少子社会対策部子ども医療課・社会福祉法人子どもの虐待防止センター編「かかりつけ医・歯科医のための児童虐待対応ハンドブック」平成19年度。
坂井聖二・奥山眞紀子・井上登生編著『子ども虐待の臨床──医学的診断と対応』南山堂 2005年。
キャロル・ジェニー編、一般社団法人 日本子ども虐待医学会、溝口史剛ほか監訳『子ども虐待とネグレクト──診断・治療とそのエビデンス』金剛出版 2017年。

⑳ 「刑法の一部を改正する法律案に対する附帯決議 四」参議院法務委員会 平成29年6月16日。

㉒ 日本子ども家庭総合研究所編「居住実態が確認できない場合の対応」『子ども虐待対応の手引き──

平成25年8月厚生労働省の改正通知』有斐閣　2014年。
　「居住実態が把握できない児童への対応について」総行住第33号、26初初企第53号、雇児総0316
　　　第1号　平成27年3月16日。
　「「市町村子ども家庭支援指針」（ガイドライン）について」雇児発0331第47号　平成29年3月31日。
❾　法務省ホームページ「無戸籍でお困りの方へ」
　　　http://www.moj.go.jp/MINJI/minji04_00034.html（2018年2月15日閲覧）
　　日本弁護士連合会子どもの権利委員会編「無戸籍問題への対応」『子どもの虐待防止・法的実務マ
　　　ニュアル（第6版）』明石書店　2017年。

さらに深く学ぶ人のために

❿　坂井聖二・奥山眞紀子・井上登生編著『子ども虐待の臨床――医学的診断と対応』南山堂　2005年。
　「子ども虐待による死亡事例等の検証結果等について（第13次報告）」社会保障審議会児童部会児童
　　　虐待等要保護事例の検証に関する専門委員会　平成29年8月。
⓬　滝川一廣著『子どものための精神医学』医学書院　2017年。
⓭　滝川一廣著『子どものための精神医学』医学書院　2017年。
⓯　「児童虐待への対応における警察との連携の推進について」雇児総発0412第1号　平成24年4月12日。
　「子どもの心理的負担等に配慮した面接の取組に向けた警察・検察との更なる連携強化について」雇
　　　児総発1028第1号　平成27年10月28日。
　「児童を被害者等とする事案への対応における検察及び児童相談所との更なる連携強化について」丁
　　　刑企発第69号、丁生企発第642号、丁少発第254号、丁捜一発第121号　平成27年10月28日。
　「警察及び児童相談所との更なる連携強化について（通知）」最高検刑第103号　平成27年10月28日。
⓰　大阪弁護士会人権擁護委員会性暴力検討プロジェクトチーム編『性暴力と刑事司法』信山社　2014年。
⓱　坂井聖二・奥山眞紀子・井上登生編著『子ども虐待の臨床――医学的診断と対応』南山堂　2005年。
⓲　クリストファー・J・ホッブス、ジェーン・M・ウィニー著、溝口史剛訳『子ども虐待の身体所見』
　　　明石書店　2013年。
⓳　田﨑みどり他「児童相談所における性的虐待対応の現状と医療との連携」『児童青年精神医学とその
　　　近接領域　第58巻第5号』日本児童青年精神医学会　2017年。
　　マーティン・A・フィンケル他編『プラクティカルガイド――子どもの性虐待に関する医学的評価』
　　　診断と治療社　2013年。
⓴　ぎょうせい編「特集・性犯罪対策の歩みと展望」『法律のひろば2017年11月号』ぎょうせい　2017
　　　年。
㉑　T. Sorensen, B. Snow(1991)How children tell: The process of disclosure in child sexual abuse.,
　　　CHILD WELFARE/Volume LXX, Number 1/January-February 1991：Child Welfare League of
　　　America
㉒　「大阪府における乳幼児健康診査未受診時対応ガイドライン」大阪府健康医療部保健医療室地域保健
　　　課母子グループ　平成26年11月。
　　　http://www.pref.osaka.lg.jp/attach/3964/00179029/20141121mijyusinji_guideline.pdf（2018年2月
　　　15日閲覧）
㉓　「あなたの戸籍をつくるために～無戸籍の方へ　あきらめないで～」法務省　2018年3月20日。
　　法務省ホームページ「民法772条（嫡出推定制度）及び無戸籍児を戸籍に記載するための手続き等に
　　　ついて」http://www.moj.go.jp/MINJI/minji175.html（2018年2月15日閲覧）

Ⅷ 子ども家庭相談の運営と相談援助のあり方

- ❶ 子ども家庭相談の業務 …………………………………………… 93
- ❷ 相談受理のあり方 ………………………………………………… 93
- ❸ 支援決定の流れ …………………………………………………… 94
- ❹ 保護者理解と支援 ………………………………………………… 95
- ❺ 面接相談の方法と技術 …………………………………………… 95
- ❻ 子どもの面接・家族面接・家庭訪問のあり方 ………………… 96

1 子ども家庭相談の業務

　市区町村における子ども家庭相談の業務は、児童虐待だけでなく子どもと妊産婦の福祉に関わるあらゆる相談に対応するものであり、児童福祉法、児童虐待防止法、地方公務員法や自治体ごとの条例等を根拠とし、行政の責任においてまた住民サービスの一環として行われるものである。このため、行政組織としての指揮命令系統や組織内での報告、連絡、相談等の重要性を理解し、方針や対応すべき内容を組織として意思決定をすることの必要性を理解しておかなければならない。
　子ども家庭相談の窓口は、子どもや保護者からの相談とともに、児童虐待の通告の第一義的な窓口であることから、広く住民にその存在を周知する必要がある。
　厚生労働省発出の「市町村子ども家庭支援指針」には、子ども家庭相談の業務について体系的な記載があり参照できるようにしておきたい。
　児童虐待の通告を受理したときには、市区町村がまず調査を行い、必要な支援を実施する。調査を行った結果、一時保護や施設入所が必要な場合や立入調査等の強制力を伴う調査が必要な場合等において、市区町村が児童相談所に送致あるいは通知する。
　市区町村は、主体的に子ども家庭の相談援助業務に取り組むことが必要である。

2 相談受理のあり方

　保護者や子どもから相談があった場合や、気になる子どもについて近隣住民、関係機関から情報が寄せられたとき、これを受理するか、受理しないか、そして受理後の対応をどのように展開するかは、市区町村が組織として判断しなければならない。
　相談は、その内容だけでなく、相談者の意図、相談したことがもたらす懸念等に配慮しながら、相談の本質的な問題がどこにあるのかを聞き取らなければならない。子ども家庭相談は子どもや保護者からの相談の有無に関わらず、適切な養育がなされているのかという社会的要請での支援の必要性の判断が大切である。このため、最初にもたらされた情報で問題をキャッチし疑問を抱けるかどうかで、その後の展開に大きく影響することに留意

しておきたい。

また、相談種別は「児童虐待」として受理するのか、それ以外で受理するのかによって、調査や対応の手順がまったく異なることも多いことから、市区町村が組織として判断を行う必要がある。

相談種別は、アセスメントの結果や支援の進捗状況に合わせて見直していく。相談種別をどうするかということは、支援を展開する上でも重要である。

子ども家庭相談にもたらされる情報はわずかなものでも、記録として集積しておくことが重要であり、データベース化しておくことが必要である。

※相談や虐待通告を受理した際の聞き取り方や情報収集の手順、相談種別分類等については、演習を織り交ぜた体験的な研修とすることが望まれる。

❸ 支援決定の流れ

支援決定は、相談受付、受理会議、調査・アセスメントから支援計画の作成、支援決定、支援及び指導等のプロセスのひとつである。支援決定のためには、事前の情報収集を基に受理会議を行い、受理会議で検討された事実関係を把握するための調査等を実施し、調査の結果をふまえたアセスメントを基に、支援計画を立案し、ケース検討会議において支援方針を決定する。また、支援を実施する中で状況の変化に合わせその内容の見直しを行う。見直しは、ケース検討会議の場のみならず、刻々と変わる状況の変化に対応するための組織内における報告、連絡、相談のプロセスにおける支援の方向性の意思決定を含むものである。

児童虐待の調査の場合には、共通リスクアセスメントツール、あるいは各都道府県で用いているアセスメントツール等を利用することで調査に漏れがないようにする。どのような相談であっても、子どもや保護者との面接や家庭訪問による直接的な客観的情報の収集が大切である。アセスメントの結果から緊急度、リスク、ニーズに応じた支援方針を決定する。市区町村の実情をふまえ、ケース対応、ケース管理のルールを定める。特に、長期化するケースの場合、漫然と継続したままリスクを見逃してしまうことがないように、定期的なケース管理が必要である。

❹ 保護者理解と支援

　子ども家庭相談では、子どもの養育を担っている保護者を理解し支援することが重要である。保護者理解のために、保護者の身体的側面、心理的側面、社会的側面について、必要な調査・アセスメントをする。

　保護者が子どもを適切に養育できていない、あるいは子どもの問題で困っているという通告や相談があった際には、保護者の考えや話を丁寧に聞いていくことが大切である。子どもや保護者の生育歴、子どもやパートナー、祖父母に対する思いや感情を自然な流れの中で聞き取る。保護者がどのような自己像や理想、信念や思考の枠組みを持っているか。現実とのギャップにどのようなストレスや感情を抱いているのか理解する。

　これまでの保護者の苦労や悩みを聞き、ねぎらうことで信頼関係が深まり、自己開示を促進し支援関係を築くことができる。

　児童虐待の場合には、加害行為をした保護者との面接が必須であるが、同時にパートナーとの面接も大切である。

　児童虐待の背景として、保護者に精神疾患や能力的なハンディが見出されることもある。このため、保護者との面接を通じて、保護者について「見立て」られるようになることが重要である。その見立てや判断をするために必要な知識をあらかじめ身につけておきたい。

❺ 面接相談の方法と技術

　相談援助における面接相談では、専門的な知識、技術と経験の蓄積、行われた面接相談を振り返る姿勢が大切である。相談を受容的、共感的に聞き、相手の感情やその動きを察するとともに、理解を深め保護者なりの解決策を見出せるように質問を考える。面接は、肯定的であたたかい場となるように心がける。面接を通じた信頼関係を基礎に、支援や状況改善の促しを受け入れてもらえるようになる。一方で、厳しい姿勢で保護者と対峙しなければならない場合もあるが、そのような場合であっても真摯で誠実な対応を心がけるこ

とは、その後の信頼関係を築く上でも大切である。保護者として子どもの養育が適切にできていない部分があったとしても、保護者なりに子どもに対してこれまでがんばってきたこと、成長させてきたことを評価することで、保護者の自尊感情を高めるように心がける。

支援に携わる職員は、自身の先入観や価値観、感情が面接に及ぼす影響について知り、組織内で行われる会議で検討したり、上司や同僚等から助言を受けたりすることが大切であることを知っておきたい。

攻撃的、依存的になる子どもや保護者もいることから、原因や背景の理解に努め、対応方法のひとつとして電話、面接の時間や場所等についての「枠組み」の意義を理解する。

6 子どもの面接・家族面接・家庭訪問のあり方

子どもとの面接では、子どもに安心感を与え、自由な表現ができる雰囲気をつくり、気持ちや考えを引き出せるようにアプローチする。また、子どもの発した言葉だけでなく、しぐさや表情等からも気持ちを読み取るように心がける。

被害事実を聞き取る技術は、性的被害に限らず、支援に携わる職員に等しく要求される基本的なものである。このため、子どもの認知、記憶の特性に配慮した面接ができるようになることが求められる。

家族面接では、複数の家族成員と同時に面接をする技術が求められる。会話を交わしながら、家族関係や家族相互の力動等に注意を払って観察し、調整をする。3世代にわたる家族の情報を収集することの意義を理解し、ジェノグラムを描き、家族の力動について評価できるようになることが必要である。

配偶者からの暴力被害者の特性について理解するとともに、ステレオタイプな見方をせずに、ケースの個別性に配慮したアセスメントができるようになる必要がある。

子どもや保護者が生活している家庭への訪問は、子どもや保護者の相談意欲が低い場合には積極的に行う。家庭訪問では、子どもが安全で健康な生活を営むに足る衣食住の環境が整っているか調査する。子どもや保護者の生活場面に入ることで、子どもや保護者への理解を深めることができる。

※これらの技術は、単に講義を受けるだけでは身につかない。ロールプレーを含む演習を通じて学ぶ必要がある。

さらに深く学ぶ人のために

❶ 「市町村子ども家庭支援指針」(ガイドライン) 雇児発0331第47号 平成29年3月31日、子発0720第7号 平成30年7月20日。
❷ 「市区町村子ども家庭総合支援拠点の設置運営等について」雇児発0331第49号 平成29年3月31日。
❸ 「児童虐待に係る児童相談所と市町村の共通リスクアセスメントツールについて」雇児総発0331第10号 平成29年3月31日。
❹ 仲真紀子『子どもへの司法面接──考え方・進め方とトレーニング』有斐閣 2016年。

IX 要保護児童対策地域協議会の運営

- ❶ 要保護児童対策地域協議会とは ……………………………………… 101
- ❷ 関係機関との適切な連携・協働（取り方・あり方）………………… 102
- ❸ 多機関ネットワーク …………………………………………………… 103
- ❹ 各関係機関の特徴と役割……………………………………………… 104
- ❺ 関係機関との協働と在宅支援 ………………………………………… 105
- ❻ 医療機関との連携 ……………………………………………………… 107
- ❼ 要保護児童対策地域協議会の運営・業務 …………………………… 108
- ❽ 関係機関への説明の理論性と正当性の必要性 ……………………… 109
- ❾ 調整機関の役割 ………………………………………………………… 109
- ❿ 他市区町村及び管轄外児童相談所との連携 ………………………… 110

I 要保護児童対策地域協議会とは

　要保護児童対策地域協議会は、「児童虐待の事例は、単独の機関では対応しきれない。複数の機関がネットワークを組んで、共に力を合わせて取り組む必要がある」と意識されたことに始まる。

　厚生省（現厚生労働省）が補助事業を創設し、これを受けて、多くの自治体が「児童虐待防止ネットワーク」を立ち上げた。その後、連携・協働の重要性がますます意識され、これを児童福祉法に基づく法定協議会とした。対象も、児童虐待だけではなく、「要保護児童」「要支援児童」「特定妊婦」に広げられた。また、協議会に調整機関を設けるべきこと、守秘義務規定を設けて民間機関の参加も可能とすること、会議が主体となって資料の提供を求めることができることなどが定められた。

　この協議会が児童虐待防止ネットワークとして創設された頃は、代表者会議と実務担当者による会議の2層構造で考えられるなど、各自治体のネットワークはまちまちだったが、事例について検討する「個別ケース検討会議」の重要性が意識され、後には3層構造で運営されることが主流になった。さらに近年では、対応の進行管理のみを行う部会を設けて、四つの部分からなる会議として運営している例が増えている。また、自治体内を区域で分けて会議を開催する例も出てきている。

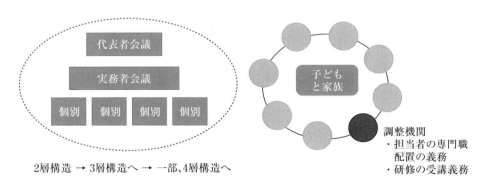

図表9-1-1　要保護児童対策地域協議会の構造

❷ 関係機関との適切な連携・協働
（取り方・あり方）

　連携・協働について、対応の現場には、少なからず、誤解や混乱があるように思われる。

　かねてから、「一機関で抱え込むのはよくない。さまざまな関係機関と連携して効果的に対応する必要がある」と強調されてきた。これが、「連携し、協働すれば業務が軽減される」と誤解された可能性がある。連携・協働は、必ずしも業務の軽減にはつながらない。むしろ、連絡や報告をするという手間が増え、協議する機会も増える。

　また、「情報の共有」と「役割分担」が重要であることが強調されたために、「目標や価値」を共有することが後回しになるということも起こっている。「情報の共有」や「役割分担」は重要である。しかし、それらが子どもを守るためのものであり、子どもと家族を支援するためのものであることが見失われてしまうならば、本末転倒である。

　「責任の所在を明らかにし、漏れを生じさせない。」ことが重要だといっても、業務の押しつけ合いからは何も生まれない。大切なことは、子どもと家族の幸せを実現するという共通の目標を持つ「チーム」をつくることである。（図表9-2-1）

図表9-2-1　連携・協働の目的

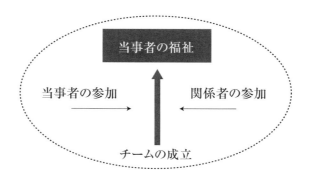

3 多機関ネットワーク

　多機関が、一人の子どもやその家族に関わろうとするときに重要なことをいくつか述べたい。ここでは、二つの図表を用いて説明する。

　第一は、当事者、すなわち子どもと家族を中心とすることである。二つの図で中心に置かれている黒い丸は当事者を表している。周りの丸は、要保護児童対策地域協議会を構成する機関を表している。

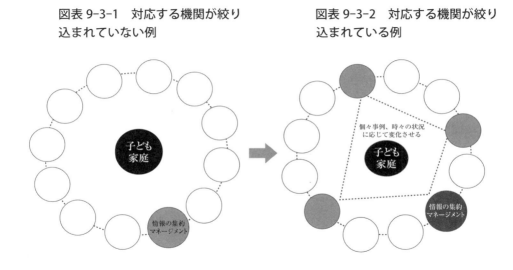

図表 9-3-1　対応する機関が絞り込まれていない例

図表 9-3-2　対応する機関が絞り込まれている例

　図表 9-3-1 では、子どもと家庭を守るネットワークであることや対応にあたる主な機関ないし情報を集約する機関が明確になってはいるものの、実際の支援に関わる機関が絞り込まれていない。これでは、具体的で現実感のある支援を展開することはできない。

　この点を修正したものが、図表 9-3-2 である。子どもの家族に直接関与する機関、情報を集約する機関を内側の線で結び、そのほかの機関を外側の機関で結んでいる。実際の支援は、このような形で展開されることが多い。

❹ 各関係機関の特徴と役割

　要保護児童対策地域協議会を構成する機関は、非常に多様である。
　具体的に挙げれば、市区町村子ども家庭福祉担当部署、同母子保健担当部署、同保育担当部署、同生活保護担当部署、同精神保健担当部署、同障害者福祉担当部署、同教育委員会、警察署、消防署、保育所長会、幼稚園園長会、小学校校長会、同中学校長会、医師会、歯科医師会、地域の拠点病院、民生・児童委員協議会、地域の児童養護施設・乳児院・児童家庭支援センター、児童相談所等によって構成されている。
　いずれにしても、各関係機関の特徴や役割を理解するためには、あらかじめ「理解のレベル」を整理しておく必要がある（図表9-4-1）。
　関係機関ごとに、重きを置くポイントや同じ言葉を使用しても意味する内容が異なっていること、組織により意思決定や判断の仕方に違いがあることなどに留意し、平易で明確な言葉でやり取りし、共に事例検討を行ったり、実際の事例への関わりを振り返ったりしながら、相互に理解を深め、信頼関係を築くようにしたい。
　なお、同一の機関であっても、担当者の変更や当該組織のメンバー、特に代表者や担当部署の管理者の入れ替わりによって、業務の進め方や意思決定の方針が変化することにも留意する必要がある。

図表 9-4-1　各関係機関を知る四つのレベル

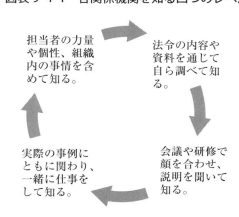

5　関係機関との協働と在宅支援

　在宅支援を行い、さらにそれを充実させるべきことは、児童福祉法の2016年改正で、第3条の2が新設されたこと、第10条の市町村の業務に「児童及び妊産婦の福祉に関し、家庭その他につき、必要な支援を行うこと」が加えられこと、第11条の都道府県の業務に「児童及び妊産婦の福祉に関し、広域的な対応が必要な業務並びに家庭その他につき専門的な知識及び技術を必要とする支援を行うこと」が加えられたことからも明らかである。

　しかし、これを具体化することは容易ではない。ともすれば、それぞれの機関が、自らの機関でなすべきこと・できることを探求する姿勢を持たず、子どもと家庭につながりがある特定の機関の関わりだけに期待し、その機関から伝えられる情報をただ共有するだけとなってしまう（図表9-5-1）。

　そのような例では、共有される情報が限定されるために、厚みや広がりのあるアセスメントを行うことができない。このため、そこに連なるすべての機関が、迫っているリスクや既に発生してしまっている暴力や放置に気づかずに、死亡事例の発生といった最悪の事態にいたることがある。

　選択されることが多い「見守り」という方針でよいのか。その方針とする条件を満たしているのかを常に問う必要がある（図表9-5-2）。

　「見守り」方針としながら、実際には何の関与もない「実質的な放置」が少なからず認められる。子どもの身の上に起こっていること、その子どもや家庭が抱える多様な課題やニーズが把握され、関係する機関が、自ら何ができるのかを問うことが必要不可欠である。

図表 9-5-1 危険な対応の例

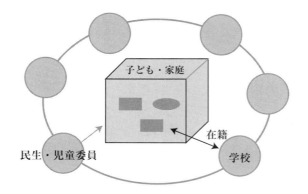

- 直接関与している機関が1か所だけ
- 民生・児童委員は、どう対応してよいかわからず困っていた
- アセスメントがなされていない
- 要保護児童対策地域協議会の名簿に載っているだけ

図表 9-5-2 在宅支援で方針を検討する際のチェックポイント

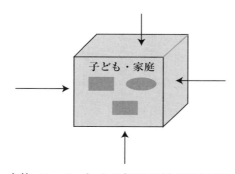

1. 家族メンバーとその相互関係が把握されているか
2. 生活の全体状況が一定程度明らかか
3. 家族の歴史が一定程度明らかか
4. 見えているところ、見えないところが意識され、ある程度整理されているか
5. 「支援契約」が成立しているか
6. 受け入れの合意がない場合は、説明・告知しているか
7. 予見される危惧にふさわしいものか
8. モニタリングの方法、内容、頻度、役割分担等が適当か

❻ 医療機関との連携

　医療機関との連携は、市区町村児童福祉主管部署、児童相談所にとってとりわけ重要である。医療機関は、その役割や専門性に基づき把握される特別な情報や高度な判断力を有しているため、そこからもたらされる情報や意見を最大限に活用するよう努めなければならない。

　児童福祉法の2016年改正では、医療機関との連携に関わる新たな条文も加えられた。児童福祉法第21条の10の5では、病院、医師、看護師等が、支援を必要とする子どもや妊婦について把握した場合、「当該者の情報をその現在地の市町村」に提供するように努めなければならないとされた。条文が、現在地としていることから、当該者が住民であることの有無は問われないものと解せられる。さらには居所不明だった者が、救急で受診・入院したような場合には、病院の所在地が現在地となる可能性もある。

　このほか、医療機関との連携において注意すべきことをいくつか述べておきたい。

　一般的には医療機関からは行政機関の内部でなされていることは見えにくく、行政機関からは医療機関の内部のことが見えにくいものである。このため、互いに最大限の努力をしていても行き違いが生じやすい。これを防ぐためには、丁寧な報告や情報交換が必要である。とりわけ対面して協議することの重要性を意識し、また、病院の規模や診療科目による認識や対応の違いなどに留意するようにしたい。

　また、医療と福祉が、近接領域であることから、「知っている」という思い込みが生じやすいことにも注意を払う必要がある。医師や病院によっては、要保護児童対策地域協議会がどういったものかなどについての認識が十分ではないこともありうる。このことも留意しておきたい。

　さらに、医師や医療機関の専門性には高い期待を寄せて当然であるが、死亡事例等の検証結果からは、それに過度に依存してしまったために適切ではない対応にいたった例もみられることを付しておきたい。例えば、精神科疾患のある保護者に子どもを養育する力があるかどうかを医師の判断だけに委ねてしまったり、医師の「外傷の状況からは児童虐待の可能性は高いものの断定はできない」という所見を受けて、児童相談所や市区町村が自ら行うべき判断を行わなかったりするような例がみられるので注意しなければならない。

❼ 要保護児童対策地域協議会の運営・業務

　要保護児童対策地域協議会（以下、要対協）は、要保護児童の適切な保護を図るため、関係機関が情報交換を行い、支援内容に関する協議を行う（児童福祉法第25条の2）とされ、設置主体は地方公共団体、基本的には住民に身近な市区町村とされている。構成メンバーは p.104（「4　各関係機関の特徴と役割」）にあるようにさまざまな機関で構成されるが、地域の実情に合わせて参加させることとなっている。

　体制は以下の表のように3層構造を基本として、各市区町村の実情に合わせて設置されている。要保護児童のほかに、要支援児童や特定妊婦の情報も共有できることとなっているが、要対協の職務に関して知りえた秘密を漏らしてはならないとされており、罰則規定も設けられている。

　進行管理については増加するケースに限られた時間で行う必要があるため、実務者会議のほか、ブロックごとや地域別に実施、実務者会議とは別の会議で集中的に実施、特定の機関で事前に検討等、地域の規模や実情に合わせて工夫して、効果的で効率的な実施が望まれる。また、その際の関係機関への情報収集においては、要保護児童等の状況に合わせ、アセスメントに必要な情報を的確に聞き取ることが重要で、それらの情報を合わせ、虐待のリスクアセスメントを行い、援助方針を定め、また見直すこととなる。

図表 9-7-1　要保護児童対策地域協議会の体制と役割

要保護児童対策地域協議会		
代表者会議	実務者会議	個別ケース検討会議
【構成員】 各機関の代表者 【役割】 ・実務者会議が円滑に開催されるための環境整備・子ども虐待防止システムの検討 【開催】年1～2回程度	【構成員】 各機関の実務者 【役割】 ・全ケースの総合的な把握 ・定期的な情報交換、進行管理 ・啓発活動及び代表者会議への報告 【開催】 月1回もしくは年数回	【構成員】 ケース担当者 【役割】 ・現状の把握や問題点の確認 ・支援の経過報告や情報共有 ・支援方針の確立と役割分担の決定 【開催】 必要に応じて随時
調整機関：事務の総括・進行管理・連絡調整		

（「要保護児童対策地域協議会設置・運営指針」をもとに筆者が作成）

要対協で在宅支援やネットワーク支援が適切に行われる能力を高めるため、児童虐待防止マニュアルの作成や構成員向けの研修会や研究会、関係機関向け研修や市民向けの啓発、児童虐待防止の啓発キャンペーン等を行うことも役割のひとつとなる。

8　関係機関への説明の理論性と正当性の必要性

　在宅支援は関係機関が連携して、それぞれの役割を援助方針に沿って行われることが大切となるが、時として考えや方針が異なる場合がある。
　特に、子どもや保護者と直接関わることが多い機関等は、虐待通告によって、これら当事者との関係が壊れることを危惧して、市区町村や児童相談所の対応を求めることに躊躇したり避けようとしたりすることがある。
　また、関わりが長期に及ぶ事例では、支援に取り組む機関は、改善が困難だと感じて対応策が尽きたという思いから、一時保護をすることや児童福祉施設への入所等が唯一の望ましい方向だと判断して、児童相談所や市区町村に保護を求めて、対立する場合もある。
　市区町村や児童相談所は、子どもの安全を守るためにも、必要である対応については根拠に基づいた丁寧な説明が望まれている。そのためには、法的な知識や機関の役割、位置づけ等を十分に理解しておくことが重要である。

9　調整機関の役割

　調整機関は、要保護児童対策地域協議会に関する事務を総括し、要保護児童等に対する支援の実施状況を的確に把握し、児童相談所そのほかの関係機関等との連絡調整を行う。主な業務は以下の通りである。

図表 9-9-1　調整機関の役割と業務

事務の総括	・協議事項や参加機関の決定等の地域協議会開催に向けた準備 ・地域協議会の議事運営 ・地域協議会の議事録の作成、資料の保管等 ・個別ケースの記録の管理
進行管理	・関係機関等による支援の実施状況の把握 ・市区町村内におけるすべての虐待ケースについて進行管理台帳を作成し、実務者会議等の場において、定期的に状況の確認、主担当機関の確認、支援方針の見直しなどを行う
連絡調整	・個々のケースに関する関係機関等との連絡調整（個別ケース検討会議におけるケースの再検討を含む）

（「要保護児童対策地域協議会設置・運営指針」をもとに筆者が作成）

　調整機関には、関係機関・関係者と信頼関係を育み、コーディネートし、ネットワークを構築できるマネージメント力が求められる。

　その内容を具体的に挙げれば、法的な仕組みや各機関の役割と限界を理解できていること、個別ケースについてのリスクアセスメントや援助計画の作成ができること、その内容を適切に説明し良好な関係のもとで協働を進めるコミュニケーション力があることなどである。

　市区町村は、主体性を持ち、「自分たちの地域の子どもは自分たちで守る」といった意識のもとで、たとえ児童相談所が主担当であっても、施設入所等をしている児童であっても、その内容を積極的に知ろうとする心構えを持つことが必要である。

他市区町村及び管轄外児童相談所との連携

　虐待が発生する家庭の特徴として、繰り返される転居や突然の転居が挙げられている。これは、死亡事例等の検証結果やさまざまな調査の結果からも明らかになっている。

　転居の背景に、両親の別居や離婚、DV、交際相手との同居、家賃の未払いなどがある場合には、一層リスクが高まる。このような場合には、転居によって支援が中断しないように、転居先を管轄する機関に対して速やかに情報提供を行い、できるだけ早くケース移管に関わる文書や資料を作成して送付することが求められる。

　その際にはケースの概要や支援経過のほかに、対応で工夫したことや困難さなどについ

ても引き継ぐことが必要である。また、転居先で関わる機関が、子どもや家族とスムーズに関係を築くことができるように、可能であれば、当事者に、支援を引き継ぐ機関の連絡先や担当者名を伝えておくことが望ましい。

　事例によっては住民票を動かさずに、実際に居住する場所を変えることもある。このような場合には、状況に応じて住所地と新たな居住地との両方で要保護児童としての管理を行うなど、十分な連携が必要である。

　こうした丁寧な引き継ぎや連絡を行うためには、日頃から近隣の市区町村や児童相談所との間で顔の見える関係を築いておくことが役に立つ。研修会への参加やそのほかの情報交換の場等を積極的に活用したい。

引用・参考文献

❼ 八木安理子他著「地域ネットワークの役割――要保護児童対策地域協議会における実務者会議と進行管理の課題に向けた地域の工夫」日本子ども虐待防止学会編『子どもの虐待とネグレクト第18巻第2号』岩崎学術出版社 2016年8月。
　加藤曜子・安部計彦編『子どもを守る地域ネットワーク活動実践ハンドブック――要保護児童対策地域協議会の活動方法・運営Q&A』中央法規出版 2008年。
　「要保護児童対策地域協議会設置・運営指針」雇児発0331第6号 平成22年3月31日。

❽ 加藤曜子・安部計彦編『子どもを守る地域ネットワーク活動実践ハンドブック――要保護児童対策地域協議会の活動方法・運営Q&A』中央法規出版 2008年。

❾ 八木安理子他著「地域ネットワークの役割――要保護児童対策地域協議会における実務者会議と進行管理の課題に向けた地域の工夫」日本子ども虐待防止学会編『子どもの虐待とネグレクト第18巻第2号』岩崎学術出版社 2016年8月。
　加藤曜子・安部計彦編『子どもを守る地域ネットワーク活動実践ハンドブック――要保護児童対策地域協議会の活動方法・運営Q&A』中央法規出版 2008年。
　「要保護児童対策地域協議会設置・運営指針」雇児発0331第6号 平成22年3月31日。

❿ 日本子ども家庭総合研究所編「転居した事例への対応」『子ども虐待対応の手引き――平成25年8月厚生労働省の改正通知』有斐閣 2014年。
　「子ども虐待による死亡事例等の検証結果等について（第13次報告）」社会保障審議会児童部会児童虐待等要保護事例の検証に関する専門委員会 平成29年8月。
　「市町村子ども家庭支援指針」（ガイドライン）雇児発0331第47号 平成29年3月31日、子発0720第7号 平成30年7月20日。

さらに深く学ぶ人のために

❶ 「要保護児童対策地域協議会設置・運営指針について」雇児発第0225001号 平成17年2月25日、雇児発0331第46号 平成29年3月31日。
❷ 宮島清著「多機関コーディネートのあり方」子どもの虹情報研究センター編『子どもの虹情報研修セ

ンター紀要 No.14』社会福祉法人横浜博萌会子どもの虹情報研究センター 30-48 頁、平成 28 年 12 月 27 日。

X

会議の運営とケース管理

- ❶ 個別ケース検討会議の効果的な実施・運営 ……………………… 115
- ❷ 進行管理を行う意義と目的 ……………………………………… 116
- ❸ 要保護児童対策地域協議会で扱うケースの管理 ………………… 117

個別ケース検討会議の効果的な実施・運営

　個別ケース検討会議が適切に、かつ、活発に行われているかどうかが該当自治体における支援の質を分けるといっても過言ではない。よって個別ケース検討会議の持ち方が要保護児童対策地域協議会のあり方を判断する上でのポイントだといってよいと思われる。

　個別ケース検討会議は、子ども、保護者、支援を要する妊産婦に関わる関係者・機関が、その必要を認めた場合には躊躇なく発議し、これを尊重し、調整機関によって速やかに招集される必要がある。発議があれば必ず招集しなければならないということではないが、調整機関が、十分な根拠を示すことなく、「まだ早い」「特に必要ない」などといって会議を開催しないことがあってはならない。

　一方で、あまりに多くの機関の参加を求め、長い協議時間を設けることは現実的ではない。当該事例に直接関与する機関と支援の状況を把握していることが求められている市区町村児童福祉主管部署、専門的な知識や技術に基づく所見や一時保護等の対応が必要な場合には児童相談所の参加も求めた上で、当事者像を明らかにし、当事者や関係者が生じている課題や問題にどのように対処してきたかを確認し、あるいは今後発生する可能性がある危険をふまえて、今何が必要か、何ができるかが協議され、その協議をふまえての役割分担や協働すべき内容を明らかにする。この協議においては、確認や合意された内容を記録して共有すること（ホワイトボードの活用も有効）や次の検討会の日時や要件等を確認した上で終了することなども大切である。

　個別ケース検討会議のイメージをまとめた図表 10-1-1 とそこで効果的な協議を行うために必要なことをまとめた図表 10-1-2 を示す。

図表 10-1-1　個別ケース検討会議のイメージ図

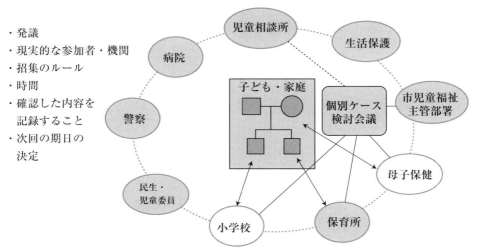

※複数の施設・機関が関わり、それぞれの見方を保持したうえですり合わせることが重要。

図表 10-1-2　個別ケース検討会議の効果的な実施・運営

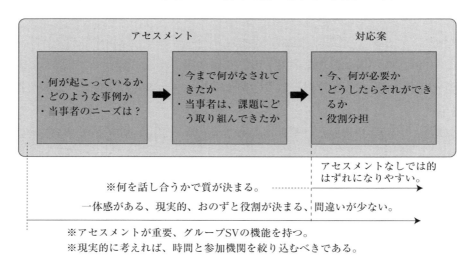

※アセスメントが重要、グループSVの機能を持つ。
※現実的に考えれば、時間と参加機関を絞り込むべきである。

2 進行管理を行う意義と目的

　児童福祉法は、市区町村に、要保護児童、要支援児童、特定妊婦に対する支援の実施状況を的確に把握することを求めている（第25条の7）。

児童福祉法は、その上で、市区町村に対して、一時保護、里親委託や児童福祉施設への入所、児童福祉司による指導、立ち入り調査、医学的・心理学的・教育学的・社会学的及び精神保健上の判定等を必要すると認めた場合には、その児童と当該児童の保護者を、児童相談所に送致したり都道府県知事または児童相談所長に通知したり、自らが設置する福祉事務所に属する社会福祉主事等に指導させたりすることを求めている。市区町村は、通告を受けた児童のみならず、相談に応じた児童とこれらの児童の保護者について、必要に応じて、これらの措置のいずれかをとらなければならない。

　これは、市区町村が条文に記された責務をはたすということに留まらず、子どもを守り、保護者を加害者にしないために、そして両者の福祉を実現する上で必要なことである。

　子どもの状態、保護者の状態、両者の関係、家族の状態は、絶えず変化し続けるものである。そして、その変化は好ましいものである場合もあるし、危機状態におちいってしまうような場合もある。

　これらのことを念頭に、子どもとその家族の状況に応じた把握（モニタリング）の方法や頻度を明らかにし、対応について適切に進行管理を行うことが必要である。

3 要保護児童対策地域協議会で扱うケースの管理

　近年では、従来から想定されてきた代表者会議、実務者会議、個別ケース検討会議のほかに、支援の実施状況の把握に目的を特化した「進行管理部会」を独立させる市区町村も増えてきている。また、政令市の一部では、行政の担当部署がネット上で要保護児童対策地域協議会の進行管理台帳を共有し、支援に関わる各機関が得た最新の情報を、そこに書き込み、随時情報を更新できる仕組みを導入しているところもある。

　このような取り組みが進められている背景には、要保護児童対策地域協議会の対象となるケース数が増加し、50事例、100事例、さらにこれをはるかに超えるところとなり、毎月のように実務者会議を開いても、1回の会議時間の2時間から2時間半の時間内では、1事例あたりの検討時間が1分〜2分しかとることができない状況が生じたという事情がある。

　このような現状への対処のためにも留意しておかなければならいことであり、かつ、対

象ケースの数が比較的少なく、どちらかといえば「落ち着いている」と捉えられる地域においても、必ず意識しておかなければならないことがある。それは、ケースの進行管理は、重層的に行うべきものであるということである。子どもと家庭の状況把握及びその支援状況の進行管理は、そのケースに関わるそれぞれの機関が自ら行うとともに、当該事例への支援に直接関与する支援チームによって行う（個別ケース検討会議）ものであり、それらを前提とした上で、要保護児童対策地域協議会の実務者会議ないし進行管理部会による包括的な進行管理によって行うものであることを忘れてはならない。

図表10-3-1　重層的に行うべきケースの進行管理

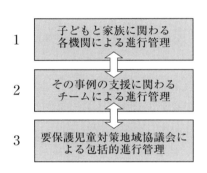

※3の強調により1と2が消えた。
※3のための会議を月1回行っても
　1、2が消えてしまえば機能しない。

XI
児童相談所の役割と連携

- ❶ 児童相談所の業務 …………………………………………… 121
- ❷ 児童相談所の組織と職員 …………………………………… 121
- ❸ 援助決定の流れ ……………………………………………… 122
- ❹ 市区町村子ども家庭相談と児童相談所との協働 ………… 124

1 児童相談所の業務

　児童相談所は児童福祉法第12条の規定により都道府県等に設置される機関であり、第11条第1項第1号に掲げる業務（市区町村職員の研修を除く）並びに同項第2号（イを除く）及び第3号に掲げる、相談、判定、調査、指導及び一時保護等を業務とする機関である。

　児童相談に関する体制強化の充実として、2004年の法改正（2005年4月1日施行）により、第一義的な相談窓口として市区町村の役割が明確化された一方、児童相談所は、困難事例への対応や市区町村に対する後方支援に重点化されている。

　また2016年の法改正（2016年6月3日公布日施行）において、市区町村、都道府県、国それぞれの役割・責務があらためて明確化されており、その内容を要保護児童対策地域協議会の調整機関が理解しておくことは関係機関が連携を行ううえで重要である。

　市区町村の相談窓口と児童相談所のもっとも大きな違いとしては、児童の安全確保や福祉のため、児童相談所が行政処分（一時保護の実施や入所措置等）を行う点が挙げられる。

　このように、児童福祉法では市区町村と児童相談所の役割分担がなされているが、児童相談所の「専門性」への期待は大きい。しかし、すべての役割を児童相談所のみが担うことは難しく、児童相談所の専門性は、市区町村等の関係機関とともに相談援助活動を行う中で発揮されるものであることを理解する必要がある。

　児童相談所の業務等は「児童相談所運営指針」を参考とする。

2 児童相談所の組織と職員

　児童相談所運営指針第1章第1節3「子どもの権利を中心にした児童相談所の相談援助活動」において、児童相談所は子どもの最善の利益を守る責任をはたすことを前提に、その生活支援等において、子ども家庭にとって身近な市区町村、そのほかの機関と適切に連携して層の厚い支援につなげることが必要とされている。

　児童相談所の組織は、総務部門、相談・判定・指導・措置部門、一時保護所部門の3部門を持つことを標準としており、各地方公共団体の実情を考慮すると同時に、チームによ

る相談援助活動及び中心となって関わる担当者が確保できる体制をとることが必要とされている。職員構成については、所長及び各部門の長のほか、指導及び教育を行う児童福祉司（児童福祉司スーパーバイザー）、児童福祉司、相談員、医師（精神科を専門とする医師）、小児科を担当する医師、保健師、指導及び教育を行う児童心理司（児童心理司スーパーバイザー）、児童心理司、弁護士（準ずる措置を含む）等を置くことが標準とされている。

一時保護所には、児童相談所運営指針第2章第3節2（10）において、家庭から離れた子どもたちの不安な心情や行動に対して柔軟に対応できる人員を配置することとされており、第5章第3節1（3）において、その設備及び運営基準については児童養護施設について定める設備運営基準が準用されている。一時保護所の数は各地方自治体により異なる。

なお、2016年の法改正（2016年10月1日施行）をふまえ、「児童相談所強化プラン」により児童相談所の体制強化や専門性の強化が図られつつある。

3 援助決定の流れ

児童相談所の援助決定の流れは、児童相談所の業務と密接に関係しており、児童相談所運営指針第3章第1節から第6節を参考とする。また、図表11-3-1「児童相談所における相談援助活動の体系・展開」及び図表11-3-2「市町村・児童相談所における相談援助活動系統図」も併せて参考とする。

児童相談所における一連の相談援助活動の原則は、児童相談所運営指針第3章第1節（1）～（7）に記載されており、児童相談所が受理した相談は、すべて児童相談所の責任において対応すべき相談となること、児童相談所の専門性は職員の協議によって維持されていること、児童相談所における相談援助活動は複数の職員で構成されるチームによって行われていることなどを理解する必要がある。

このため、児童相談所が市区町村等の関係機関からの通告等を受理するために市区町村等からどのような情報を必要としているのか、通告後の援助活動をどのように役割分担し進捗管理しているのかについて理解しておくことはとても大切である。

加えて、児童相談所による一時保護の実施や児童福祉施設等への措置において保護者等の面会や通信の制限等が行われているかどうかや、一時保護の解除や児童福祉施設等からの措置解除が、いつ、どのような形で行われるのか、といった事柄についても理解しておく必要がある。

このように、児童相談所がどのような過程で、どのような支援を行うのかを地域で共有することは、児童相談所と市区町村及び関係機関との協働において大切な点であり、要保護児童対策地域協議会の調整機関として理解しておくことが必要である。

図表11-3-1　児童相談所における相談援助活動の体系・展開

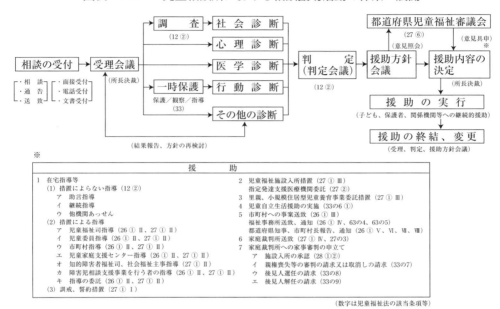

図表11-3-2　市町村・児童相談所における相談援助活動系統図

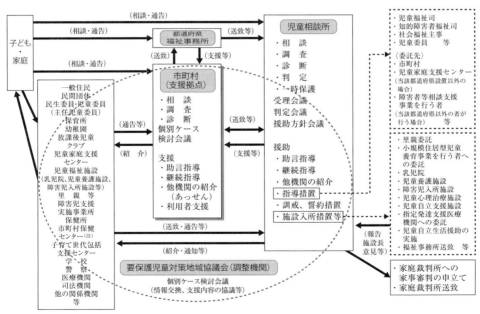

4 市区町村子ども家庭相談と児童相談所との協働

　市区町村子ども家庭相談と児童相談所の協働については、児童相談所運営指針第7章第1節から第4節において記載されており、その基本的な関係として、児童福祉法第10条第2項及び同条第3項において、市区町村長は、専門的な知識及び技術を必要とするものについて児童相談所の技術的援助及び助言を求めなければならないこと、医学的、心理学的、教育学的、社会学的及び精神保健上の判定を必要とする場合には、児童相談所の判定を求めなければならないとされている。

　一方、第11条第2項において、都道府県知事は、市区町村に対し、必要な助言を行うことができる、と規定されている。よって、市区町村と児童相談所との積極的交流が、それぞれの機関の立場、事情等の理解につながり、信頼関係の構築に寄与する。

　なお、2016年の法改正において、児童虐待事案の軽重と対応する機関にミスマッチが生じ、適切な対応に遅れが生じることがないよう、児童相談所において受理したケースのうち、児童相談所の面接や調査に基づき、安全の緊急性がないと考えられるケース等について市区町村へ送致（第26条第1項第3号。2017年4月1日施行）することができるとされた。児童相談所運営指針においては、児童相談所が市区町村へ事案送致するにあたり、児童相談所と市区町村の相互の合意形成が必要であり、あらかじめ役割分担を明確化し、効果的な指導・支援の実施やケースの対応漏れの防止を図るため、緊急度の判断を共有するための「共通リスクアセスメントツール」の活用が望ましいとしている。

　また、児童相談所が市区町村で開催される要保護児童対策地域協議会の実務者会議を通じ、市区町村の現状を適切に把握した上で市区町村への送致を行う必要があるとしていることから、要保護児童対策地域協議会の調整機関は、児童相談所と市区町村が十分に協議し、市区町村への送致がスムーズに行えるようにする必要がある。

引用・参考文献
◆「児童福祉法」法律第164号昭和22年、法律第71号　平成29年。
　「児童相談所運営指針」児発第133号　平成2年3月5日、子発1025第1号　平成30年10月25日。
　「児童福祉法等の一部を改正する法律の公布について」雇児発0603第1号　平成28年6月3日。

- ❷ 「児童相談所強化プラン」厚生労働省児童虐待防止対策推進本部決定 平成 28 年 4 月 25 日。
- ❸ 「児童相談所運営指針」児発第 133 号 平成 2 年 3 月 5 日、子発 1025 第 1 号 平成 30 年 10 月 25 日。
- ❹ 「児童虐待に係る児童相談所と市町村の共通リスクアセスメントツールについて」雇児総発 0331 第 10 号 平成 29 年 3 月 31 日。

子どもの所属機関の役割と連携

- ❶ 学校組織 …………………………………………………… 129
- ❷ 教育機関との連携のあり方 ……………………………… 129
- ❸ 保育所等の利用と連携のあり方 ………………………… 130
- ❹ 所属機関における特別なニーズのある子どもへの支援 ………… 130

1 学校組織

　学齢期の子どもの問題では、子どもが日常生活を過ごす学校との連携が重要であり、学校教育の目的や制度、組織について理解したうえで、役割分担の依頼や連携を図ることが必要である。このため、学校教育の根拠となる法律や通知等ついて概観するとともに、教育行政の現状と課題、施策の方向性について理解する。

　文部科学省より発出されている児童虐待に関連した通知に目を通し、学校と連携する際の根拠を知る。また、学校組織における校長、副校長の役割と意思決定のプロセスについて確認する。養護教諭の職務内容や教員の校務分掌、スクールカウンセラー、スクールソーシャルワーカーの配置状況と役割について、各所属市区町村の実情を把握する。

　就学時健康診断の実施時期やその内容を知る。また、学籍に関する制度を理解し、転居等に伴う転校の手続きの支援ができるようにする。

　生徒指導（生活指導）における最近の子どもの課題やその取り組みの状況について理解し、適切な連携が図られるようにすることも大切である。

2 教育機関との連携のあり方

　子どもは教育を受けることにより、知識技能を習得し、思考力、判断力、表現力や社会性を身につけ、生きる力を育むことができる。教育を受けることは子どもの基本的な権利であり、これを保障するために教育機関と連携していくことが大切である。このため教育機関がどのような姿勢で子どもや保護者と向き合っているのかを理解することは、円滑な役割分担や連携の依頼をするうえで不可欠となる。

　特に学齢期の子どもに関する相談では、学校と市区町村子ども家庭相談の連携が重要である。子どもがどのような学校生活を送ってきたのか。子どもの性格や能力、行動や対人関係の特徴、保護者に対する学校としての評価等は重要な情報である。

　教育機関からの虐待通告では、教育機関は保護者との関係が悪化し、場合によっては登校させなくなってしまうことを懸念することがある。しかし、このような懸念を理解しつ

つも、通告経路を明らかにできないことで、保護者と問題の共有ができず、効果的な支援が難しくなることを説明し、理解を求める。

各市区町村の教育機関におけるいじめ問題、不登校問題に関する取り組みや対応状況について把握し、スクールソーシャルワーカー、スクールカウンセラーとの連携が図れるようにする必要がある。

❸ 保育所等の利用と連携のあり方

適切な養育が困難な家庭の乳幼児が保育所等に所属することにより、保護者の育児負担を軽減し、保育者からの愛情や子ども同士が関わることで、子どもの主体性、社会性を育むことができる。また、日々の子どもの安全や健康状態を確認し、栄養に配慮した食事が提供されることは、子どもの成長発達に大切である。日々の送迎の際には保護者と話をする機会があり、保護者支援という面においても大切である。支援に携わる職員は、所属する市区町村における保育所等のサービスの実施状況を把握し、入所や利用の手続きを支援できるようにしておきたい。

保育所等との連携を図るためには、根拠となる法律、保育所保育指針等の通知、保育行政の現状と課題、施策の方向性についても理解しておきたい。

特に保育所保育指針における児童虐待に関連する記載には目を通しておきたい。また、保育所等の組織、運営体制について理解し、保育所等に勤務する管理、監督者や保育士の立場、役割を理解しておきたい。

❹ 所属機関における特別なニーズのある子どもへの支援

子どもの特別なニーズに対応するため、子どもの所属機関ではさまざまな配慮や支援をしている。

子どもの障がいは、児童虐待の要因のひとつとなることもある。乳幼児の保護者にとっ

ては、障がいがあることを理解することや受け入れることに時間を要する。特に軽度の知的障害や発達障害は、ある程度の年齢になってはじめて気づかれる場合もあり、保護者が子どもの障がいを受容することができずに体罰にいたることもある。

　乳幼児の場合には、日々の保育等を通じて障がいの発見や保護者の障がいへの理解や受容の促し、子どもの理解や発達を助ける情報の提供等、所属機関と連携を図ることが望まれる。保育所等においては、保育所等を巡回する発達障害に関する助言者を活用したり、保育所等訪問支援事業等を実施したりしている場合もある。

　学校教育においては、「特別なニーズのある子ども」としてどのような子どもを対象としているのか、また「特別支援学校」「特別支援学級」「通級による指導」等、それぞれの生活や教育内容の違いを理解したい。

　「特別なニーズ」のある子どもに所属機関がどのような支援が可能であるか。対応にどのような困難を感じ、配慮をしているのかを知り、適切に連携できるようにする必要がある。

さらに深く学ぶ人のために

❶「教育基本法」法律第25号 昭和22年、法律第120号 平成18年。
　「学校教育法」法律第26号 昭和22年、法律第41号 平成29年。
　「学校教育法施行令」政令第340号 昭和28年、政令第238号 平成29年。
　「学校教育法施行規則」文部省令第11号 昭和22年、文部科学省令第18号 平成29年。
　「一時保護等が行われている児童生徒の指導要録に係る適切な対応及び児童虐待防止対策に係る対応について」27文科初第335号 平成27年7月31日。
　「児童虐待の防止等のための学校、教育委員会等の的確な対応について」21文科初第777号 平成22年3月24日。
　「学校等から市町村又は児童相談所への定期的な情報提供について」21文科初第775号 平成22年3月24日。
　「児童虐待防止に向けた学校等における適切な対応の徹底について」21初児生第29号 平成22年1月26日。
　「学校等における児童虐待防止に向けた取組の推進について（通知）」18初児生第11号 平成18年6月5日。
　「児童虐待防止に向けた学校における適切な対応について（通知）」15初児生第18号 平成16年1月30日。
　「チームとしての学校の在り方と今後の改善方策について（答申）」中央教育審議会 平成27年12月21日。
　「いじめ防止対策推進法」法律第71号 平成25年、法律第47号 平成28年。
❷「児童生徒の教育相談の充実について（通知）」28文科初第1423号 平成29年2月3日。
❸「子ども・子育て支援法」法律第65号 平成24年、法律第52号 平成29年。

「就学前の子どもに関する教育、保育等の総合的な提供の推進に関する法律の一部を改正する法律」法律第66号 平成24年。

「保育所保育指針の公示について」雇児発0331第27号 平成29年3月31日。

「保育所保育指針解説」厚生労働省 平成30年2月。

◆「特別支援教育の推進について（通知）」19文科初第125号 平成19年4月1日。
独立行政法人国立特別支援教育総合研究所。http://www.nise.go.jp/cms/（2018年3月3日閲覧）

XIII 母子保健の役割と保健機関との連携

- ❶ 母子保健における視点 ……………………………………… 135
- ❷ 母子保健に関する法令と施策 ……………………………… 136
- ❸ 母子保健事業の展開と実務 ………………………………… 136
- ❹ 母子健康手帳の活用 ………………………………………… 137
- ❺ 特定妊婦の把握と支援 ……………………………………… 137
- ❻ 保健所・子育て世代包括支援センターとの連携のあり方 …… 138

1 母子保健における視点

　母子保健法を根拠とする母子保健活動は、法の目的である「母性並びに乳児及び幼児の健康の保持及び増進を図るため、母子保健に関する原理を明らかにするとともに、母性並びに乳児及び幼児に対する保健指導、健康診査、医療その他の措置を講じ、もつて国民保健の向上に寄与すること」に準じている。

　すべての子どもが健やかに育つ社会を目指し、国民運動計画「健やか親子21（第2次）」も策定されており、母子保健水準の向上と母子保健指標の地域間格差の縮小を図ることとして、重点課題に基づく種々の取り組みが推進されている。

　子ども虐待において保健師は、母子保健法に加えて精神保健福祉法を根拠に、全妊婦や育児中の親子と関わり、あらゆる重症度の虐待家族に対峙することができるという好ポジションにいる。妊婦や子どもを地域で守り育てることができるまちづくりは、もちろん周産期のうつ状態や産後うつ、産後精神病、子ども虐待等が危惧されれば、保健、医療と福祉が分断することなく、よりプラクティカルな機関間連携・他分野協働体制の調整にも寄与できる。

図表13-1-1　健やか親子21（第2次）イメージ図

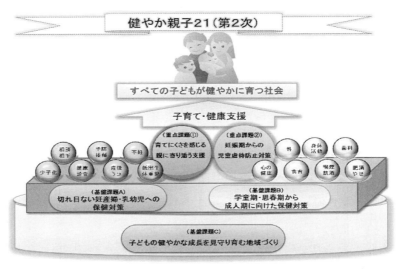

（「「健やか親子21（第2次）」について 検討会報告書」「健やか親子21」の最終評価等に関する検討会 平成26年4月）

❷ 母子保健に関する法令と施策

　改正された母子保健法※第5条には、法の目的に沿って関連施策を講じる際に、「虐待の予防及び早期発見に資するものであることに留意する」ことが加筆された（2017年4月1日施行）。

　これにより母子健康手帳交付や妊婦健診、新生児訪問、乳児全戸訪問事業、乳幼児健康診査等、妊娠期から子育て期までの母子保健法に基づく既存の事業の実施に、母子健康包括支援センター（子育て世代包括支援センター）の設置（母子保健法第22条）、産前・産後サポート事業及び産後ケア事業、産婦健康診査事業、乳幼児健康診査の未受診者の受診勧奨等も加わって、より切れ目ない支援に近づける体制が整った。これにより、どの時点においても、妊娠や子育ての不安、孤立等に対応し、児童虐待のリスクを早期に発見・逓減させて、親子の健全な育成環境の実現を目指すものである。

※母子保健法第5条第2項　国及び地方公共団体は、母性並びに乳児及び幼児の健康の保持及び増進に関する施策を講ずるに当たっては、当該施策が乳児及び幼児に対する虐待の予防及び早期発見に資するものであることに留意するとともに、その施策を通じて、前3条に規定する母子保健の理念が具現されるように配慮しなければならない。

❸ 母子保健事業の展開と実務

　母子保健事業は、子どもと親の心身の健康状態を確認し、課題を未然に防ぐ一次予防が主体である。しかし、疾病や虐待等、身体医学的または心理社会的リスクの早期発見機能（スクリーニング等）、要支援妊婦や親子の早期発見、早期対応を目指す二次予防、必要に応じ、保健・医療・福祉の緊密な有機的なネットワークによる虐待の悪化・再発防止を試みる三次予防の活動もある。

　中高校生の赤ちゃんふれあい体験、NPOや子育てボランティアと協働した地域の相談窓口、声かけ運動等もその一環であるし、地域や商店街、学校等とともに子育てに優しいまちづくりや暴力のない社会環境を醸成していく活動も含まれる。

2016年に改正された児童福祉法や母子保健法を受けて、母子保健における子どもの健全育成と児童福祉における子育て支援や虐待予防を切れ目なく一体的に提供できることになった。これにより妊娠期、出産期、子育て期のライフステージで切れ目ない支援体制を整えるという縦断的、横断的、重層的な支援の形が提案されている。

　支援者が養育能力の低い傷つきやすい親たちも心のドアを開けてくれるような姿勢、技術を共有する、より密な連携体制が求められている。

4　母子健康手帳の活用

　母子健康手帳の交付は、妊娠届によりなされる、まもなく母になる女性と行政とのファーストコンタクトの機会であり、「妊娠、出産又は育児に関し、相談に応じ、必要な指導及び助言」（母子保健法第9条）を行う法の趣旨にかなうものである。

　手帳交付時に把握することが推奨される情報（妊娠・出産、育児に伴うリスク要因等）は、国からの通知に詳細に例示されている。この通知では、保健師や助産師等が、例を参考に、面接で妊婦の身体的・精神的・経済的状態等の把握に努めることを推奨している。

　母子健康手帳は、妊娠11週までに90％の妊婦が申請している（「健やか親子21」最終評価報告書2013）。

　この機会は、妊娠・出産によって顕在化されるであろう育児力の課題、夫婦間の葛藤、家族構造の変化に伴うさまざまな不安など、母となる女性が抱きやすい心理的問題や精神状態等を聞き知る好機である。この機会を重視し、その後のスムーズな支援関係構築の入り口とすることが期待される。

5　特定妊婦の把握と支援

　「特定妊婦」（児童福祉法第6条の3第5項）は、産後において養育が困難になる可能性や虐待が生じる危険性が予測される妊婦のことで、要保護児童地域対策協議会（以下、要対協）での検討対象である。すなわち、特定妊婦として受理されれば、要対協との連携のも

と、小児科、精神科、産科（助産）等、医療機関でのリエゾン関係を充実させること、保健・医療・福祉現場で相互に効果的に情報提供・共有ができる関係性を築くことなどが制度上可能となる。

特定妊婦とされる基準は、前項「4　母子健康手帳の活用」に記した通知を参照されたい。

特定妊婦への支援は、母親となる女性を虐待のない関係性を築けるように導くことを目的とする。個別支援や養育支援訪問事業（児童福祉法第6条の3第5項）等を通じて、親が「自己」についての否定的なストーリーを変えられることに気づき、親自らの行動で、ストーリーを変えられることを知ることが目指される。支援者が、妊婦のこれまでの生活史や生育歴等の背景事情をふまえずに、説得・教育に近い指導を繰り返しても、既に挫折感や罪悪感を抱いている親には届きにくく、親の自尊心が回復することは期待できない。支援の基本的な姿勢は指導ではなく支援である。

6 保健所・子育て世代包括支援センターとの連携のあり方

妊産婦・乳幼児等の状況を継続的・包括的に把握し、保健師等の保健・医療的視点と子育て支援等、当事者目線の両輪で切れ目のない支援を行い、育児不安や虐待の予防等を実現するのが子育て世代包括支援センター（以下、センター）である。多くの妊婦や親は、不安や悩みを持つが、必要な情報を取得して課題を解決したり、父母や仲間等の力を得たりして乗り越える。障害児の養育や複雑困難な事例への対応の場合には、センターは、障害児支援担当部局や医療機関、児童発達支援センターとの連携や保健所による後方支援を活用すると、見立てる視点が広がったり、資源活用の幅が広がるなど利点も多い。

例えば、母子健康手帳を手にした後に堕胎の希望を繰り返し訴える妊婦や妊婦健診を受けずに「飛び込み出産」にいたる事例、「不本意な妊娠」に悩み、腹部殴打等、胎児に侵襲を加えるなど愛着形成が促進されにくい母、精神疾患を併存しネグレクトが危ぶまれる家族等、医療を介した濃密な関わりを必要とする妊婦や親もいる。その多くは、往々にして自らSOSを出したり、公的サービスへアクセスしたりする力が乏しい。

このような例では、身体医学的または精神医学的な精査や治療につなぐ必要性を見立てる場合、または、医療とのつなぎには、複雑困難な精神保健的事例に対応している保健所

を活用するとスムーズなこともある。

引用・参考文献

❶ 厚生労働省雇用均等・児童家庭母子保健課「「健やか親子21（第2次）」について 検討会報告書」
　厚生労働省・健やか親子21推進協議会「厚生労働省・健やか親子21（第2次）」
　　http://www.mhlw.go.jp/file/06-Seisakujouhou-11900000-Koyoukintoujidoukateikyoku/0000067539.pdf（2018年3月14日閲覧）
　「子育て世代包括支援センター業務ガイドライン」平成29年8月。
　「産前・産後サポート事業ガイドライン 産後ケア事業ガイドライン」平成29年8月。
　「「養育支援訪問事業の実施について」の一部改正について」雇児発0521第11号　平成27年5月21日。

❷ 厚生労働省・健やか親子21推進協議会「厚生労働省・健やか親子21（第2次）」
　　http://www.mhlw.go.jp/file/06-Seisakujouhou-11900000-Koyoukintoujidoukateikyoku/0000067539.pdf（2018年3月14日閲覧）
　「子育て世代包括支援センター業務ガイドライン」平成29年8月。
　「産前・産後サポート事業ガイドライン 産後ケア事業ガイドライン」平成29年8月。
　「「養育支援訪問事業の実施について」の一部改正について」雇児発0521第11号　平成27年5月21日。

❸ 厚生労働省・健やか親子21推進協議会「厚生労働省・健やか親子21（第2次）」
　　http://www.mhlw.go.jp/file/06-Seisakujouhou-11900000-Koyoukintoujidoukateikyoku/0000067539.pdf（2018年3月14日閲覧）
　「子育て世代包括支援センター業務ガイドライン」平成29年8月。
　「産前・産後サポート事業ガイドライン 産後ケア事業ガイドライン」平成29年8月。
　「「養育支援訪問事業の実施について」の一部改正について」雇児発0521第11号　平成27年5月21日。
　「市町村子ども家庭支援指針」（ガイドライン）雇児発0331第47号　平成29年3月31日。

❹ 厚生労働省雇用均等・児童家庭局母子保健課「「健やか親子21」最終評価報告書」平成25年11月。
　「要支援児童等（特定妊婦を含む）の情報提供に係る保健・医療・福祉・教育等の連携の一層の推進について」雇児総発0331第9号、雇児母発0331第2号　平成29年3月31日。

❺ 「産前・産後サポート事業ガイドライン 産後ケア事業ガイドライン」平成29年8月。
　「要支援児童等（特定妊婦を含む）の情報提供に係る保健・医療・福祉・教育等の連携の一層の推進について」雇児総発0331第9号、雇児母発0331第2号　平成29年3月31日。
　「「養育支援訪問事業の実施について」の一部改正について」雇児発0521第11号　平成27年5月21日。

❻ 厚生労働省・健やか親子21推進協議会「厚生労働省・健やか親子21（第2次）」
　　http://www.mhlw.go.jp/file/06-Seisakujouhou-11900000-Koyoukintoujidoukateikyoku/0000067539.pdf（2018年3月14日閲覧）
　「子育て世代包括支援センター業務ガイドライン」平成29年8月。
　「産前・産後サポート事業ガイドライン　産後ケア事業ガイドライン」平成29年8月。
　「「養育支援訪問事業の実施について」の一部改正について」雇児発0521第11号　平成27年5月21日。

XIV 社会的養護と市区町村の役割

- ❶ 社会的養護制度の概要 ……………………………………………… 143
- ❷ 社会的養護制度（児童養護施設）…………………………………… 145
- ❸ 社会的養護制度（乳児院）…………………………………………… 146
- ❹ 社会的養護制度（児童自立支援施設）……………………………… 147
- ❺ 社会的養護制度（母子生活支援施設）……………………………… 147
- ❻ 社会的養護制度（児童心理治療施設）……………………………… 148
- ❼ 社会的養護制度（里親）……………………………………………… 149
- ❽ 養子縁組制度 ………………………………………………………… 150
- ❾ 社会的養護における永続性・継続性を担保する
  ソーシャルワークのあり方 ………………………………………… 152
- ❿ 社会的養護における権利擁護（被措置児童等虐待、苦情解決、
  第三者評価）…………………………………………………………… 153
- ⓫ 生活支援と治療的養育 ……………………………………………… 155
- ⓬ 年長児童の自立支援のあり方 ……………………………………… 155
- ⓭ 社会的養護と児童相談所等の関係機関との連携 ………………… 156
- ⓮ 移行期ケアのあり方 ………………………………………………… 156
- ⓯ ファミリーソーシャルワーク及び家庭復帰支援のあり方 ……… 157
- ⓰ 家庭復帰と市区町村の役割 ………………………………………… 157

I 社会的養護制度の概要

　社会的養護とは、さまざまな事情により養育が困難な子どもを公的な責任のもとで保護し養育することである。

　狭義では、社会的養護関係施設や里親・養子縁組で子どもを保護し養育する代替養育のことを指す。広義では、困難や課題を抱えながらも親子が地域で暮らし続けられるように支援することや、社会的養護関係施設や里親家庭から地域に戻った子どもやその家族を支えることである。

　社会的養護を展開する上で基本理念と原理に基づいて実施されることが求められる。

社会的養護の基本理念

（1）子どもの最善の利益のために
（2）社会全体で子どもを育む

社会的養護の原理

①家庭的養護と個別化
②発達の保障と自立支援
③回復をめざした支援
④家族との連携・協働
⑤継続的支援と連携アプローチ
⑥ライフサイクルを見通した支援

　児童福祉法第3条の2では、代替養育のあり方として国・地方公共団体（都道府県・市区町村）の責務として家庭と同様の環境における養育の推進が明記された。

　社会的養護における代替養育は、図表14-1-2のように施設入所や小規模住居型児童養育事業・里親、さらに養子縁組制度となっている。加えて、障がい児の施設利用については契約と措置の2通りとなっており、児童相談所が必要と判断した場合については、児童福祉法第27条第1項第3号の措置による利用を行っている。

図表 14-1-1　家庭と同様の環境における養育の推進

良好な家庭的環境　　家庭と同様の養育環境　　家庭

施設 → 施設（小規模型） → 養子縁組（特別養子縁組を含む）／小規模住居型児童養育事業／里親 → 実親による養育

児童養護施設
大舎（20人以上）、
中舎（13から9人）、
小舎（12人以下）
1歳から18歳未満
（必要な場合0歳～20歳未満）

乳児院
乳児（0歳）
必要な場合幼児（小学校就学前）

地域小規模児童養護施設（グループホーム）
本体施設の支援の下で地域の民間住宅などを活用して家庭的養護を行う

小規模グループケア（分園型）
・地域において、小規模なグループで家庭的養護を行う
・1グループ 6～8人
（乳児院は 4～6人）

小規模住居型児童養育事業（ファミリーホーム）
・養育者の住居で養育を行う家庭養護
・定員 5～6人

里親
・家庭における養育を里親に委託する家庭養護
・児童4人まで

（「社会的養育の推進に向けて」厚生労働省子ども家庭局家庭福祉課　平成29年12月）

図表 14-1-2　社会的養護の現状

施設	児童養護施設	乳児院	児童自立支援施設	母子生活支援施設	児童心理治療施設	自立援助ホーム
法的根拠	児童福祉法 第41条	児童福祉法 第37条	児童福祉法 第44条	児童福祉法 第38条	児童福祉法 第43条の2	児童福祉法 第6条の3 第1項
対象児童	保護者のない児童、虐待されている児童その他環境上養護を要する児童（特に必要な場合は、乳児を含む）	乳児（特に必要な場合は、幼児を含む）	不良行為をなし、またはなすおそれのある児童及び家庭環境その他の環境上の理由により生活指導等を要する児童	配偶者のない女子またはこれに準ずる事情にある女子及びその者の監護すべき児童	家庭環境、学校における交友関係その他の環境上の理由により社会生活への適応が困難となった児童	義務教育を終了した児童であって、児童養護施設等を退所した児童等
施設数	615か所	138か所	58か所	232か所	46か所	143か所
定員	32,605人	3,895人	3,686人	4,779世帯	2,049人	934人
現員	26,449人	2,801人	1,395人	3,330世帯 児童5,479人	1,399人	516人
職員総数	17,137人	4,793人	1,743人	2,080人	1,165人	604人
主な職員	児童指導員・保育士、家庭支援専門相談員、心理療法担当職員	看護師、保育士、家庭支援専門相談員、心理療法担当職員、里親支援専門相談員	児童自立支援専門員、児童生活支援員、家庭支援専門相談員、心理療法担当職員	母子支援員、少年指導員、調理員、心理療法担当職員	医師（精神科または小児科）、心理療法担当職員、児童指導員・保育士、看護師、個別対応職員、家庭支援専門相談員	指導員、管理者
主な入所方式	児童相談所による措置	児童相談所による措置	児童相談所による措置 家庭裁判所による送致	福祉事務所による利用契約	児童相談所による措置	本人の申し込みに基づき、児童相談所による措置

里親	養育里親	専門里親	養子縁組里親	親族里親
対象児童	要保護児童	次に挙げる要保護児童のうち、都道府県知事がその養育に関し特に支援が必要と認めたもの。①児童虐待等の行為により心身に有害な影響を受けた児童、②非行等の問題を有する児童、③身体障害、知的障害または精神障害がある児童	要保護児童	次の要件に該当する要保護児童。①当該親族里親に扶養義務のある児童、②児童の両親その他当該児童を現に監護する者が死亡、行方不明、拘禁、入院等の状態となったことにより、これらの者により、養育が期待できないこと*
登録里親数	9,073 世帯	689 世帯	3,798 世帯	526 世帯
委託里親数	3,180 世帯	167 世帯	309 世帯	513 世帯
委託児童数	3,943 人	202 人	301 人	744 人

*②には、虐待や精神疾患により養育できない場合なども含む

小規模住居型児童養育事業（ファミリーホーム）	養育者の住居において家庭養護を行う（定員5～6名）
対象児童	要保護児童
ホーム数	313 か所
委託児童数	1,356 人

※里親数、FHホーム数、委託児童数、乳児院・児童養護施設の施設数・定員・現員は、福祉行政報告例（平成29年3月末現在）
※他の施設数、ホーム数（FH除く）、定員、現員数は、家庭福祉課調べ（平成28年10月1日現在）（＊乳児院・児童養護施設除く）
※職員数（自立援助ホームを除く）は、社会福祉施設等調査報告（平成28年10月1日現在）
※自立援助ホームの職員数は、家庭福祉課調べ（平成28年3月1日現在）

（「社会的養護の現状について（参考資料）」「社会的養育の推進に向けて」厚生労働省 平成29年12月に、筆者加筆）

2 社会的養護制度（児童養護施設）

　児童養護施設は、家庭に代わる代替養育の場として、主に児童指導員、保育士によって安定した生活を過ごせるように支援を行う施設である。入所児童は地域の小・中学校、高校等に通学して教育を受ける。近年では施設から大学等に進学する事例も増えてきている。

　入所事由では被虐待児童が半数以上を占め、虐待の影響からの回復に向けた支援や親子

関係の再構築に向けた支援が重要となっている。そのため心理士や家庭支援専門相談員等が配置され、個々の自立支援計画が児童相談所との協業により策定されるなど、集団養育から個々のアセスメントに基づく個別養育のための専門性が高まってきている。さらに施設を退所してからのアフターケアのあり方やその充実強化も進められている。施設形態についても、小規模化、地域分散化の方針により、小舎制またはユニット制、施設内グループケアや地域小規模児童養護施設等、より家庭に近い形態を目指す方向に変化してきている。また、里親支援専門相談員を配置している施設も増え、児童相談所との連携の中で里親や特別養子縁組の推進や支援といった役割も期待されている。

❸ 社会的養護制度（乳児院）

　乳児院は、さまざまな理由で保護を必要とする乳児を集団生活の中で、保育士、看護師等の専門職員が、24時間、濃密な養育を行う施設である。児童相談所からの入所措置だけでなく、乳幼児の一時保護委託も行っている。

　乳児院入所理由の第1位は児童虐待で、第2位は精神疾患等の親の疾病となっている。また何らかの疾病を抱えていて、家庭で暮らすことが困難なために、病院からそのまま乳児院に入所する病虚弱児も多い。退所先の第1位は、家庭復帰である。家庭支援専門相談員を中心に、家庭が所在する市区町村の担当者と連携し、家庭で暮らせるための状況を整えて家庭復帰につなげ、復帰後もアフターケアとして支援を継続している。家庭復帰が困難なケースは、里親委託や養子縁組を検討し、候補となった里親や養親と子どもとの関係調整等を目的に支援を行っていく。里親や養親支援の充実強化は日本の大きな課題であり、この点において乳児院への期待は大きい。

　また乳幼児に関する相談事業やショートステイ事業やひろば事業等、地域の子育て支援にも、乳児院は積極的に携わっている。

　乳幼児の養育、乳幼児の緊急一時保護、親子関係調整、里親・養親支援、地域の子育て支援等、乳児院の多機能化が進みつつあり、地域における周産期親子支援の中心機関のひとつとして期待されている。

❹ 社会的養護制度（児童自立支援施設）

　児童自立支援施設は、唯一、都道府県に設置義務のある児童福祉施設である。かつての名称は教護院で、1998年の児童福祉法改正に伴い、対象児童の拡大や学校教育の実施とともに、児童自立支援施設に改称された。入所児童は、窃盗、家出、浮浪、暴力（傷害）、恐喝、また、近年は性非行（加害も被害もある）等の反社会的、非社会的な行動上の問題や失敗を繰り返した子どもたちである。その背景には虐待やDVの影響等の経験による愛着障害や、発達障害等によるコミュニケーションの問題とともに、離婚、貧困、犯罪、障がい等、保護者や家庭の問題等が複雑に絡み合っている。

　入所経路は二つあり、一つは児童相談所の決定によるもので、一時保護等をされた児童の非行の程度や家庭環境等を理由に児童福祉施設に入所措置（他施設の措置変更も含む）する場合（保護者の同意が必要）。もう一つは家庭裁判所の決定によるもので、観護措置をとられた児童が家庭裁判所の少年審判により児童自立支援施設送致の保護処分により入所する場合（法的強制力が強く、保護者の同意は不要）がある。近年は家庭裁判所の決定により入所する児童が増えている。

　子どもを支援する体制は、夫婦、または固定化した職員が児童と起居を共にしながら、枠のある生活を基盤とした家庭的な雰囲気の中で、職員と子ども、子ども同士等の関係性を重視した共生教育（共育）を目的として「育て直し」の支援を行っている。なお、学齢児は、原則、施設内学校で学校教育を受けている。

❺ 社会的養護制度（母子生活支援施設）

　母子生活支援施設は、「配偶者のない女子又はこれに準ずる事情にある女子及びその者の監護すべき児童を入所させて、これらの者を保護するとともに、これらの者の自立の促進のためにその生活を支援し、あわせて退所した者について相談その他の援助を行うことを目的とする施設」（児童福祉法第38条）である。1997年の児童福祉法等の一部改正により、「母子寮」から「母子生活支援施設」と名称が改称され、目的も「保護する」から

「保護するとともに、自立を促進するためにその生活を支援する」となった。

　利用対象は母子世帯であり、入所理由は「夫などの暴力」がもっとも多く52.3％（平成28年度全国母子生活支援施設実態調査）、また、DV被害者等を受け入れる緊急一時保護を実施している施設が70.1％（155施設）となっており、母と子が共に生活をしつつ、共に支援を受けることができる施設として、DV被害者やDVを目撃するなど虐待の影響を受けた子どもたちへの回復や自立支援を目指した支援、良好な親子関係の育成に向けた支援を実施している。また地域のひとり親家庭の相談や支援の拠点としての機能を担う母子生活支援施設も増えてきている。

6 社会的養護制度（児童心理治療施設）

　2017年の児童福祉法の改正で、それまで情緒障害児短期治療施設から児童心理治療施設と名称が変更された。過去は不登校児童の入所が多い施設であったが、2000年に児童虐待防止法が制定されて以降、虐待を受けた子どもの入所が急増し、現在は入所児童の7割以上を占めている。愛着障害、注意欠陥多動性障害、広汎性発達障害、素行障害、反抗挑戦性障害等の診断名がつく子どもたちが多いが、ほとんどが虐待等不適切な養育環境の影響を大きく受けている。抱えた課題による二次障害の防止、安心感・信頼感の獲得や愛着形成から始まる心的発達の回復、心的トラウマからの回復、不適切な認知や行動の修正と適切な社会的スキルの獲得等が支援の中心的課題となる。個々の包括的なアセスメントに基づき、日々の生活の中での治療的支援、グループ活動や個人心理面接等の治療的プログラム、さらに施設内学級等の学校教育等が統合され、支援は総合的に展開される。これが児童心理治療支援施設の治療的支援の特徴であり、総合環境療法と呼ぶ所以である。虐待を受けた子どもの治療的支援の必要性から、国は各都道府県に1か所以上の設置を求めている。児童虐待防止法が制定された2000年時に17か所だった児童心理治療施設（当時は情緒障害児短期治療施設）は、現在46か所にまで増えている。

7 社会的養護制度（里親）

　里親制度は、児童福祉法第27条第1項第3号の規定に基づき、児童相談所が要保護児童の養育を委託する制度である。その種類は図表14-7-1となっている。

図表14-7-1　里親の種類

	養育里親	専門里親	養子縁組里親	親族里親
登録の有効期間	5年	2年	5年	―
養育できる要保護児童の最大人数	4人	4人（被虐待児・非行児・障害児は2人まで）	4人	4人
研修の受講義務	あり	あり	あり	必要に応じ
名簿登録	必須	必須	必須	任意
欠格要件	あり	あり	あり	あり
手当等　里親手当	あり	あり	なし	なし
一般生活費教育費 等	あり	あり	あり	あり

※里親が同時に養育する児童（実子・養子等を含む）は6人を超えることはできない。
（厚生労働省「児童福祉法等の一部を改正する法律（平成28年法律第63号）の概要」を筆者加筆）

　里親認定の流れは、①里親となることを希望する者（以下、希望者）は、居住地の都道府県知事に対し、申請書を提出する。②都道府県は、希望者に対して、必要な研修を実施する。③児童相談所長は、児童福祉司等を希望者の家庭に派遣し、十分な調査を行い、都道府県知事に報告する。④都道府県知事は、適否につき都道府県児童福祉審議会の意見を聞き、決定する。
　さらに、児童福祉法（第11条第1項第2号）では、里親の普及啓発から里親の選定及び里親と児童との間の調整並びに児童の養育に関する計画の作成までの一貫した里親支援を都道府県（児童相談所）の業務として位置づけた。

小規模住居型児童養育事業（ファミリーホーム）

　小規模住居型児童養育事業（ファミリーホーム）は、児童福祉法第6条の3第8項の規

定に基づき、児童相談所が要保護児童を養育者に委託し、家庭に迎え入れて養育する家庭養護である。養育者等の配置は、養育者2名（配偶者）＋補助者1名、または養育者1名＋補助者2名で 養育者は、小規模住居型児童養育事業を行う住居に生活の本拠を置く者に限られている。

里親委託児の約30％、小規模住居型児童養育事業（ファミリーホーム）の委託児の約55％が被虐待の経験がある。

8 養子縁組制度

保護者からの分離が必要と児童相談所が判断する際や、社会的養護に措置中であっても、実父母や親族のもとへの家庭復帰が将来にわたって見込めない場合には、永続的解決の選択肢としての養子縁組の可能性を、児童相談所は検討しなければならない（児童相談所運営指針参照）。

要保護児童のための養子縁組としては、特別養子縁組と普通養子縁組の2種類がある。普通養子縁組は、養親希望者と養子になる者（15歳未満の場合は子どもの法定代理人、つまり親権者や親権代行者）双方の合意と戸籍届出により（未成年者養子の場合原則として家庭裁判所の許可が必要）成立し、実父母との扶養義務や相続権等の法的関係は残る。一方、特別養子縁組は、養親希望者の申立てによって家庭裁判所の審判で成立し、実父母との法的関係は終了する。特別養子縁組は、家庭裁判所の審判によって離縁が可能であるが、養親からの審判申立てはできない。要保護児童にとっては、法的に安定した永続的親子関係の保障という点から、特別養子縁組のほうが優っており、実父母からの影響を法的に受けないという利点もある（図表14-8-2）。特別養子縁組の実際の手続きにおいては、実父母が特別養子縁組に同意している場合に加えて、家庭裁判所がこれら要保護要件を認めた場合は、同意がなくても特別養子縁組が成立する（民法第817条）。

養子縁組成立後も、児童相談所の業務として、養子や養親への支援が児童福祉法上規定されており、居住する市区町村の母子保健や子育て支援サービス等が円滑に活用されるよう、市区町村と連携しつつ、必要な情報の提供、助言を行う。

図表 14-8-1　児童相談所運営指針（抜粋）

・児童相談所は、要保護児童対策の一環として、保護に欠ける子どもの養育について法的安定性を与える観点から、恒久的な養育環境を必要とする子どもについては、当該子どもが適合する養親を見出し、養子縁組を結べるよう積極的に取り組む必要がある。

図表 14-8-2　普通養子縁組と特別養子縁組

	普通養子縁組	特別養子縁組
縁組の形式	契約型	審判型
縁組の成立	養親となる者と養子となる者との養子縁組の合意に基づいて市区町村に届出により成立。	家庭裁判所による特別養子縁組成立審判の確定により成立。審判確定後、10日以内に市区町村に届出。
養親となる者	成人であること。ただし、配偶者が未成年者を養子とする場合は夫婦で縁組をしなければならない。	法律婚の夫婦で、25歳以上であること。ただし、一方配偶者が25歳の場合、他方配偶者が20歳以上であればよい。
養子となる者	年齢による制限なし。ただし、養親となる者の年長者及び尊属は養子になれない。	特別養子縁組成立審判申立て時に6歳未満。ただし6歳に達する前から養親となる者に養育されていた場合は同申立て時に8歳未満であればよい。
家庭裁判所への申立て	（養子となる者が未成年者であるときは原則として、後見人が被後見人を養子とするときは必ず家庭裁判所の許可を要する。）養親となる者が、養子となる者の居住地を管轄する家庭裁判所へ未成年者養子縁組許可の申立て。ただし、自己または配偶者の直系卑属を養子とする場合は許可は不要。	養親となる者が、その居住地を管轄する家庭裁判所へ特別養子縁組の申立て。
保護要件	―	父母による監護が著しく困難または不適当であること、その他特別の事情がある場合で、子の利益のため特に必要があること。
試験養育	―	原則家庭裁判所への申立後、6か月以上の監護の状況の考慮。
父母の同意	養子となる者が15歳未満のときはその法定代理人が代諾する。この場合、法定代理人でない父母で養子となる者を監護すべき者がいるときは、その者（親権停止中の父母を含む。）の同意が必要。	父母の（法的な親子関係の終了することになる）同意が必要。 父母の行方不明や父母による虐待、悪意の遺棄その他養子となる者の利益を著しく害する事由がある場合は家庭裁判所の判断による。
縁組の効力	養子は養親の嫡出子たる身分を取得し、養親の血族との間にも法的親族関係を生じる。	
実親との関係	養子と実父母・その血族との法的親族関係（相続・扶養に関する権利義務関係）の存続。	養子と実父母・その血族との法的親族関係（相続・扶養に関する権利義務関係）の終了。
離縁について	養親と養子（15歳未満の場合は、離縁後法定代理人になる者）との協議に基づく届出により成立。養親と養子との協議が調わないときは、家庭裁判所の調停や訴訟による。 効果は、養親、その血族と養子らとの親族関係の終了。 養子は、離縁によって縁組前の氏に復する。	家庭裁判所の特別養子離縁審判の確定により成立。審判確定後10日以内に戸籍届出。 申立権者は、養子、実父母、検察官。養親は申立てできない。 要件は、養親による養子に対する虐待・悪意の遺棄その他養子の利益を著しく害する事由があり、かつ実父母が相当の養育をすることができる状態にあるとき。 効果は、養親、その血族と養子らとの親族関係の終了と特別養子縁組によって終了した親族関係の復活。

9 社会的養護における永続性・継続性を担保するソーシャルワークのあり方

　子ども時代から生涯にわたって継続する、心理的につながる家族関係や所属感を永続性と呼ぶ。特に法的な安定性を強調する場合には、法的永続性と呼ぶ。成人期に経験する失業や病気、離婚等さまざまなライフイベントに際して、安心して頼れる永続的な家族は重要なセーフティネットである。永続的な家族関係が保障されないことは、子ども時代の安定と安心にも大きな影響を与え、重要なセーフティネットを持たないまま社会的自立を強いられることを意味する。

　「児童の代替的養護に関する指針」において、代替養育を受けている子どもに関する決定は、全般にわたって永続性を重要な目標と定め、永続的な解決策（permanent solution）を見出すまでの間、代替養育のもっとも適切な形を特定し、確保することとしている（図表14-9-1）。また、児童相談所運営指針においても、「法的安定性を与える観点から、恒久的な養育環境を必要とする子どもに（略）、養子縁組を結べるよう積極的に取り組む必要がある」としている。

　子どもの永続性を担保するソーシャルワークという観点から、児童相談所が子どもを保護し代替養育に措置する際には、永続的解決を目標としなければならない。その実践する順位としては、児童相談所運営指針において、「まずは家庭復帰に向けた努力を最大限に行う必要があり、それが困難と判断された場合は、親族・知人による養育（親族里親、養育里親や養子縁組）を検討し、さらには特別養子縁組を検討し、これらが子どもにとって適当でないと判断された場合には、里親等への委託や児童福祉施設等への措置を検討すること」としている（児童相談所運営指針）。

　代替養育から永続的な養育環境に移ることは養育者の交代を意味し、子どもへの影響は大きい。「育てノート」「育ちアルバム」の活用等、子どもにとってケアが継続していることが実感でき安心できるような、子どものニーズにセンシティブなソーシャルワークが求められる。

図表 14-9-1　児童の代替的養護に関する指針（抜粋）

2. (a) 家族による養育のもとに子どもを留めるか、家族に戻すための努力を支援すること。それに失敗した場合は、養子縁組やイスラム法におけるカファーラなど、他の適切で永続的な解決策を見出す努力を支援すること。
   (b) そうした永続的な解決策を見出すまでの間、あるいはそれが不可能であったり、その子どもに最善の利益をもたらさない場合には、代替養育の最も適切な形を特定し、確保すること。ただし、その代替養育がその子の調和のとれた豊かな発達を促進することを条件とする。
12. 非公式養育を含め、代替養育を受けている子どもに関する決定は、全般にわたって永続性を重要な目標とし、その子どもに安定した家庭を保障すること、安全かつ養育者との継続的な愛着という基本的なニーズを満たすことの重要性を考慮すべきである。

10 社会的養護における権利擁護
（被措置児童等虐待、苦情解決、第三者評価）

　社会的養護における権利擁護は、国際連合の「児童の権利に関する条約」や、「児童の代替的養護に関する指針」をふまえ、「子どもの最善の利益」を優先し考慮することにある。自分がどのような権利を有し、選択肢があるのかを理解ができるようにするとともに、自由に意見が表明できることや、重要な決定に際しては、当事者が参画できるように支援を行っていくことが大切となっていく。その方法として「子どもの権利ノート」を活用することや、苦情受付の窓口の設置、第三者委員等の苦情解決の仕組みを整えることも必要となる。加えて、社会的養護関係施設は、措置制度に基づいた利用方式（母子生活支援施設を除く）であり、また、施設長による親権代行等の規定や、被虐待児等が増加、施設運営の質の向上が必要なことから、2012年より3年に1度以上の第三者評価の受審及びその結果の公表が義務づけられている。また、毎年、第三者評価基準に従って自己評価を行わなければならないようになった。

　さらに、さまざまな理由により、家庭での養育が困難なため、施設や里親に入所措置等をされた子どもに対して、施設職員等が行う被措置児童等虐待を防止するため、2008年に改正された児童福祉法により、「被措置児童等虐待対応ガイドライン」が作成されている。社会的養護の関係者が権利擁護の観点をしっかり持ち、虐待の発生予防から早期発見、迅速な対応、再発防止等のための取り組みを総合的に進めていく必要がある。

図表 14-10-1　被措置児童等虐待の対象となる行為

「被措置児童等虐待対応ガイドライン」では以下の行為を指す。
①被措置児童等の身体に外傷が生じ、又は生じるおそれのある暴行を加えること。
②被措置児童等にわいせつな行為をすること又は被措置児童等をしてわいせつな行為をさせること。
③被措置児童等の心身の正常な発達を妨げるような著しい減食又は長時間の放置、同居人若しくは生活を共にする他の児童による前二号又は次号に掲げる行為の放置その他の施設職員等としての養育又は業務を著しく怠ること。
④被措置児童等に対する著しい暴言又は著しく拒絶的な対応その他の被措置児童等に著しい心理的外傷を与える言動を行うこと。

(「被措置児童等虐待対応ガイドラインについて（通知）」雇児福発第 0331002 号、障障発第 0331009 号、平成 21 年 3 月 31 日)

図表 14-10-2　被措置児童等虐待対応の流れ（イメージ）

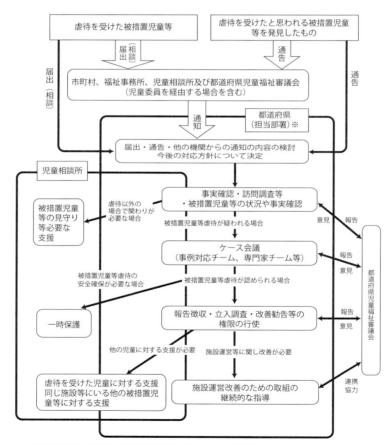

※都道府県において担当の主担当となる担当部署を定めておくことが必要です。

(「被措置児童等虐待対応ガイドラインについて（通知）」雇児福発第 0331002 号、障障発第 0331009 平成 21 年 3 月 31 日)

11 生活支援と治療的養育

　社会的養護を必要とする子どもは、過酷な養育環境の中で外傷的な出来事を繰り返し経験している。その影響は愛着形成をはじめとした心的発達の阻害、心的な機能の低下や不全、対人関係の問題等に及んでいる。また性と暴力に関する不適切な認識や行動パターンを養育者から学んでしまっている子どももいる。支援を行うにあたっては、個々の子どもに対して、生活の中での行動観察、生育歴、家族の状況等の情報をもとに包括的なアセスメントを行い、その子どもに適した援助方針と具体的な手立てを見出すことが重要となる。

　ここで必要となるのが、治療的視点を組み込んだ養育の考え方である。抱えた課題による二次障害の防止と安心・安全な生活環境の構築、愛着形成不全等の阻害された心的発達の補償、心的トラウマからの回復に向けた支援、不適切な認知や行動の修正的アプローチ、施設入所等に伴う環境の変化や変更に伴う喪失や混乱への手立て、人生の連続性と肯定的な自分史の構築に向けた支援等が治療的養育のテーマとなろう。心理療法等、子どもの抱えた課題に応じた特別な治療プログラムが実施される場合は、生活の中の治療的養育と乖離することなく、統合された展開が必須となる。このためには、施設内のさまざまな専門職が、アセスメントを共有し、協働して支援にあたるのはもちろんのこと、児童相談所や外部の医療機関との連携も重要となる。子どもの状態によっては、施設外の治療相談機関の利用、さらには服薬や入院治療も組み入れた総合的なアプローチが必要となる。

12 年長児童の自立支援のあり方

　自立とは孤立とは異なり、社会生活を主体的に営んでいくことを指し、適切な依存がその前提となる。児童福祉法における「児童」の定義は18歳までであり、措置権者である児童相談所は、少なくともこの年齢までは守られた環境での成長を保障することが責務となる。実情としては、児童養護施設等で暮らす子どもが義務教育終了後に高校等に就学していなければ措置解除にいたることも多い。しかし、国も措置延長の活用を促しており、

子どもたちが自立生活能力のないまま社会に出ることがないように留意したい。さらに、社会的養護自立支援事業によって、措置解除後も個々の状況に応じて22歳まで必要な支援を実施することが定められた。子どもたちの中には複雑な生育史を抱えている者もいるため、措置解除後も障害者支援、生活困窮者支援、生活保護、特定妊婦等、さまざまな福祉サービスの利用を必要とする場面がある。したがって、措置解除後も関係機関で協働しながら、子ども自身も含めて支援計画を立て、地域の中で自立的に生活を送ることができるよう支援の継続が求められる。

13 社会的養護と児童相談所等の関係機関との連携

　里親や児童福祉施設に委託、入所した児童への支援は、里親や施設だけでは困難で、委託、措置を判断した児童相談所を中心に教育機関や保健、医療機関等と連携が必須となる。さらに子どものニーズに応じて地域のさまざまなサービス資源を活用することになる。

　また委託、入所した児童の親子関係再構築支援のためには、家族への支援が重要となる。このためには家族が在住する市区町村の資源の活用は欠くことのできない要件となる。家族在住の市区町村と代替養育の場が、児童相談所を中心に連携、協働して家族支援を展開していくことが基本である。

14 移行期ケアのあり方

　里親や施設への委託・入所は、生活環境が大きく変化することであり、不安や恐怖、疑問や戸惑いを伴うのが普通である。こうした気持ちを受け止め、委託入所前に、委託や入所の理由とこれからの生活の見通しについての丁寧な説明は必須である。また入所前に里親宅や施設への訪問等、里親や施設職員と出会い、交流する場を設けるなどして、新たな生活に少しでも馴染んでいけるよう支援することが重要である。

また里親委託や施設入所は、それまでの人生の連続性を分断し、大きな喪失体験となる可能性がある。子どものそれまでの人生史を理解して、子どもの育ちを支えてきた人やもの、活動等を引き継ぎ、継続できるよう配慮した支援が重要となる。

　以上のことは、施設の措置変更や施設から里親に委託する場合も同様である。移行期に伴う不安や戸惑い、喪失体験等への配慮ある支援は、その後の里親や施設での回復と健全な育ちを保障する上で極めて重要である。

15 ファミリーソーシャルワーク及び家庭復帰支援のあり方

　里親や施設に委託入所となった子どもと家族に対して、親子関係再構築に向けた支援が必須となる。これはファミリーソーシャルワークの主要な目的の一つである。親子関係再構築支援は、親子関係の改善を図り、家庭復帰を目指すが、たとえ家庭復帰がかなわなくとも、面会交流等、家族との安定的な関わりの継続を支え、よりよい関係構築を模索し続けなくてはならない。

　家族の生活歴や経過を把握し、保護者をエンパワーしながら、家族のニーズに沿って支援を実施することになる。これを効果的に展開するためには、里親や施設、児童相談所、家族が居住する市区町村と連携して、それぞれの支援機関が役割を担い合い、統合された支援の展開が必要である。

16 家庭復帰と市区町村の役割

　親子関係再構築支援においては、市区町村の要保護児童対策地域協議会（以下、要対協）は、子どもの里親委託や施設入所前からの支援を継続し、家庭復帰に向け計画的に実施される必要がある。その上で、子どもが一時帰宅したときの見守りや家族への支援の結果、どの程度家族の課題が改善されたかの評価を行い、児童相談所と里親や施設との協議のもと、家庭復帰を判断していくことが必要である。

特に虐待を主訴として施設入所した場合は、家庭復帰に向けては、繰り返しの外泊や長期外泊等を行い、かつ保育園や学校とこれからの重要な居場所となる機関を含めて施設、児童相談所、市区町村との個別会議を開き、復帰後の支援体制を整えることが重要である。さらに家庭復帰後は児童福祉司指導を原則とし、施設もアフターフォローを行うが、要対協の要保護ケースとして市区町村も共に子どもと家族の支援を担うことが求められる。

引用・参考文献

❶ 「社会的養育の推進に向けて」厚生労働省子ども家庭局家庭福祉課 平成29年12月。
「児童相談所運営指針」第4章第4節「5障害児施設の利用契約」子発1025第1号 平成30年10月25日。
「社会的養護の現状について(参考資料)」厚生労働省 平成29年12月。

❸ 『改訂新版 乳児院養育指針』全国社会福祉協議会・全国乳児福祉協議会 2015年。

❺ 「平成28年度全国母子生活支援施設実態調査報告書」全国社会福祉協議会・全国母子生活支援施設協議会 平成29年3月。

❼ 厚生労働省「児童福祉法等の一部を改正する法律(平成28年法律第63号)の概要」
http://www.mhlw.go.jp/file/05-Shingikai-11901000-Koyoukintoujidoukateikyoku-Soumuka/sankou2_5.pdf (2018年3月5日閲覧)
「児童養護施設入所児童等調査結果(平成25年2月1日現在)」厚生労働省雇用均等・児童家庭局 平成27年1月。
「里親制度運営要綱」一部改正,雇児発0331第35号 平成29年3月31日。
「里親委託ガイドライン」一部改正,雇児発0331第38号 平成29年3月31日。

❽ 林浩康・藤林武史編「特集 要保護児童のパーマネンシー保障と特別養子縁組」日本子ども虐待防止学会編『子どもの虐待とネグレクト19巻1号』岩崎学術出版社 2017年。
公益社団法人家庭養護促進協会大阪事務所編・岩﨑美枝子監修『子どもの養子縁組ガイドブック――特別養子縁組・普通養子縁組の法律と手続き』明石書店 2013年。

❿ 「社会的養護関係施設における第三者評価及び自己評価の実施について」雇児発第0329第2号、社援発第0329第6号 平成24年3月29日。
「被措置児童等虐待対応ガイドラインについて(通知)」雇児福発第0331002号、障障発第0331009号 平成21年3月31日。

⓬ 厚生省児童家庭局家庭福祉課監修『児童自立支援ハンドブック』日本児童福祉協議会 1998年。
「児童養護施設等及び里親等の措置延長等について」雇児1228第2号 平成23年12月28日。
「社会的養護自立支援事業等の実施について」雇児発0331第10号 平成29年3月31日。

⓰ 「児童相談所運営指針」児発第133号 平成2年3月5日、子発0112第1号 平成30年1月12日。
「市町村子ども家庭支援指針」(ガイドライン)雇児発0331第47号 平成29年3月31日、子発0720第7号 平成30年7月20日。
日本子ども家庭総合研究所編『子ども虐待対応の手引き 平成25年8月厚生労働省の改正通知』有斐閣 2014年。

さらに深く学ぶ人のために

❶ 「新しい社会的養育ビジョン」新たな社会的養育の在り方に関する検討会　平成29年8月2日。
❷ 「児童養護施設運営指針」厚生労働省雇用均等・児童家庭局長通知　平成24年3月29日。
　「改訂　児童養護施設の研修体系──人材育成のための指針」全国社会福祉協議会・全国児童養護施設協議会（児童養護施設の人材確保・育成・定着を図るための特別委員会）平成29年3月。
　小木曽宏・宮本秀樹・鈴木崇之編『よくわかる社会的養護内容［第3版］（やわらかアカデミズム・わかるシリーズ）』ミネルヴァ書房　2015年。
　吉田眞理編著『児童の福祉を支える　演習　社会的養護内容［第3版］』萌文書林　2016年。
❸ 「改訂　乳児院の研修体系──小規模化にも対応するための人材育成の指針」全国社会福祉協議会・全国乳児福祉協議会　平成27年3月。
　「よりよい家庭養護の実現をめざして──チームワークによる家庭養護」全国社会福祉協議会・全国乳児福祉協議会　平成27年5月。
❹ 「児童自立支援施設運営指針」厚生労働省雇用均等児童家庭局長通知　平成24年3月29日。
　「児童自立支援施設運営ハンドブック」厚生労働省雇用均等・児童家庭局家庭福祉課　平成26年3月。
　相澤仁編集代表，野田正人編『施設における子どもの非行臨床──児童自立支援事業概論（やさしくわかる社会的養護7）』明石書店　2014年。
❺ 「私たちのめざす母子生活支援施設（ビジョン）報告書」全国社会福祉協議会・全国母子生活支援施設協議会・私たちのめざす母子生活支援施設（ビジョン）策定特別委員会　平成27年5月。
　「母子生活支援施設の研修体系～ひとり親家庭を支える人材の育成指針～母子生活支援施設職員の生涯研修体系検討委員会報告書」全国社会福祉協議会・全国母子生活支援施設協議会　平成29年3月。
❻ 「情緒障害児短期治療施設運営指針」厚生労働省雇用均等・児童家庭局長通知　平成24年3月29日。
　滝川一廣他・全国情緒障害児短期治療施設協議会編『子どもの心をはぐくむ生活──児童心理治療施設の総合環境療法』東京大学出版会　2016年。
❼ 庄司順一・鈴木力・宮島清編『里親養育と里親ソーシャルワーク（社会的養護シリーズ1）』福村出版　2011年。
❽ Anthony, N. Maluccio, Edith Fein, and Kathleen A. Olmstead, *Permanency Planning for Children: Concepts and Methods*, New York: Tavistock Publications, 1986.
　Peter J. Pecora, James K. Whittaker, Anthony N. Maluccio, and Richard P. Barth, *The Child Welfare Challenge: Policy, Practice, and Research* (Modern Applications of Social Work Series), Routledge, 2009.　※2018年8月に改訂版を発行予定。
　Richard P. Barth, Mark Courtney, Jill Duerr Berrick, and Vicky Albert, *From Child Abuse to Permanency Planning: Child Welfare Services, Pathways, and Placements* (Modern Applications of Social Work Series), Routledge, 1994.
　畠山由佳子著『子ども虐待在宅ケースの家族支援──「家族維持」を目的とした援助の実態分析』明石書店　2015年。
　厚生労働省「社会的養護における「育ち」「育て」を考える研究会」
　http://www.mhlw.go.jp/sisetu/musashino/22/syakai/sodachi2307.html（2018年3月5日閲覧）
❿ B.ベッテルハイム著，村瀬孝雄・村瀬嘉代子訳『愛はすべてではない』誠信書房　1968年。
　アルバート・E.トリーシュマン、ジェームズ・K. ウィテカー、ラリー・K. ブレンドロー著、西澤哲訳『生活の中の治療──子どもと暮らすチャイルド・ケアワーカーのために』中央法規出版　1992年。
　田中康雄編『児童生活臨床と社会的養護──児童自立支援施設で生活するということ』金剛出版

2012年。

増沢高・青木紀久代編著『社会的養護における生活臨床と心理臨床』福村出版 2012年。

数井みゆき・遠藤利彦編著『アタッチメントと臨床領域』ミネルヴァ書房 2007年。

西澤哲著『トラウマの臨床心理学』金剛出版 1999年。

❷ 東京都社会福祉協議会児童部会リービングケア委員会編『Leaving Care（リービングケア）——児童養護施設職員のための自立支援ハンドブック』東京都社会福祉協議会 2008年。

永野咲著『社会的養護のもとで育つ若者の「ライフチャンス」——選択肢とつながりの保障、「生の不安定さ」からの解放を求めて』明石書店 2017年。

❸「児童相談所運営指針」児発第133号 平成2年3月5日、子発1025 第1号 平成30年10月25日。

「市町村子ども家庭支援指針」（ガイドライン）雇児発0331 第47号 平成29年3月31日、子発0720 第7号 平成20年7月20日。

❹「児童相談所運営指針」児発第133号 平成2年3月5日、子発1025 第1号 平成30年10月25日。

「市町村子ども家庭支援指針」（ガイドライン）雇児発0331 第47号 平成29年3月31日、子発0720 第7号 平成30年7月20日。

❺ 相澤仁・宮島清編『家族支援と子育て支援——ファミリーソーシャルワークの方法と実践（やさしくわかる社会的養護5）』明石書店 2013年。

資料集

- ◆ 児童の権利に関する条約 …………………………………………… 162
- ◆ 国際連合「児童の代替的養護に関する指針」………………………… 164
- ◆ 児童福祉法………………………………………………………………… 165
- ◆ 児童虐待の防止等に関する法律 ……………………………………… 167
- ◆ 要保護児童対策地域協議会設置・運営指針について ……………… 169
- ◆ 児童相談所運営指針……………………………………………………… 171
- ◆ 市町村子ども家庭支援指針（ガイドライン）………………………… 174
- ◆ 子ども虐待対応の手引き（平成25年8月　改正版）………………… 180
- ◆ 子育て世代包括支援センター業務ガイドライン……………………… 184
- ◆「市区町村子ども家庭総合支援拠点」設置運営要綱 ………………… 186

＊目次や見出しのみ掲載

本文中の法律は、下記のような通称を使用する。（2019年3月末現在）

通称	正式名称	最新改正年度
児童虐待防止法	児童虐待の防止等に関する法律 （平成12年法律第82号）	平成29年6月21日公布 （平成29年法律第69号）改正
障害者総合支援法	障害者の日常生活及び社会生活を総合的に支援するための法律 （平成17年法律第123号）	平成29年6月2日公布 （平成29年法律第52号）改正
子ども・子育て関連3法	子ども・子育て支援法 （平成24年法律第65号）	平成29年6月2日公布 （平成29年法律第52号）改正
	就学前の子どもに関する教育、保育等の総合的な提供の推進に関する法律の一部を改正する法律 （平成24年法律第66号）	平成29年4月26日公布 （平成29年法律第25号）改正
	子ども・子育て支援法及び就学前の子どもに関する教育、保育等の総合的な提供の推進に関する法律の一部を改正する法律の施行に伴う関係法律の整備等に関する法律 （平成24年法律第67号）	平成28年6月3日公布 （平成28年法律第63号）改正

▶児童の権利に関する条約

前文

第1部
第1条（児童の定義）
第2条（差別の禁止）
第3条（児童に対する措置の原則）
第4条（締約国の義務）
第5条（父母等の責任、権利及び義務の尊重）
第6条（生命に対する固有の権利）
第7条（登録、氏名及び国籍等に関する権利）
第8条（国籍等身元関係事項を保持する権利）
第9条（父母からの分離についての手続き及び児童が父母との接触を維持する権利）
第10条（家族の再統合に対する配慮）
第11条（児童の不法な国外移送、帰還できない事態の除去）
第12条（意見を表明する権利）
第13条（表現の自由）
第14条（思想、良心及び宗教の自由）
第15条（結社及び集会の自由）
第16条（私生活等に対する不法な干渉からの保護）
第17条（多様な情報源からの情報及び資料の利用）
第18条（児童の養育及び発達についての父母の責任と国の援助）
第19条（監護を受けている間における虐待からの保護）
第20条（家庭環境を奪われた児童等に対する保護及び援助）
第21条（養子縁組に際しての保護）
第22条（難民の児童等に対する保護及び援助）
第23条（心身障害を有する児童に対する特別の養護及び援助）
第24条（健康を享受すること等についての権利）
第25条（児童の処遇等に関する定期的審査）
第26条（社会保障からの給付を受ける権利）
第27条（相当な生活水準についての権利）
第28条（教育についての権利）
第29条（教育の目的）
第30条（少数民族に属し又は原住民である児童の文化、宗教及び言語についての権利）
第31条（休息、余暇及び文化的生活に関する権利）

第 32 条（経済的搾取からの保護、有害となるおそれのある労働への従事から保護される権利）
第 33 条（麻薬の不正使用等からの保護）
第 34 条（性的搾取、虐待からの保護）
第 35 条（児童の誘拐、売買等からの保護）
第 36 条（他のすべての形態の搾取からの保護）
第 37 条（拷問等の禁止、自由を奪われた児童の取扱い）
第 38 条（武力紛争における児童の保護）
第 39 条（搾取、虐待、武力紛争等による被害を受けた児童の回復のための措置）
第 40 条（刑法を犯したと申し立てられた児童等の保護）
第 41 条（締約国の法律及び締約国について有効な国際法との関係）

第 2 部
第 42 条（条約の広報）
第 43 条（児童の権利委員会の設置）
第 44 条（報告の提出義務）
第 45 条（児童の権利委員会の任務）

第 3 部
第 46 条（署名）
第 47 条（批准）
第 48 条（加入）
第 49 条（効力発生）
第 50 条（改正）
第 51 条（留保）
第 52 条（廃棄）
第 53 条（寄託者）
第 54 条（正文）

(出典) 外務省資料
　　（日本語訳の見出しは、条約の理解と検索の便に供するために、参考として附したものである）
　　http://www.mofa.go.jp/mofaj/gaiko/jido/midashi.html

▶国際連合 「児童の代替的養護に関する指針」

Ⅰ．目的

Ⅱ．一般原則及び展望
　A．児童とその家族
　B．代替的養護

Ⅲ．指針の範囲

Ⅳ．代替的養護の必要性の予防
　A．親による養護の促進
　B．家族への復帰の促進

Ⅴ．養護の提供の枠組

Ⅵ．最適な養護の形態の決定

Ⅶ．代替的養護の提供
　A．政策
　B．児童に対する法的責任
　C．施設養護
　D．検査及び監視
　E．アフターケアに対する支援

Ⅷ．児童の通常居住する国以外での養護提供
　A．児童の海外への養護委託
　B．すでに海外にいる児童への養護提供

Ⅸ．緊急事態における養護
　A．指針の適用
　B．養護の取り決め
　C．追跡及び家庭への復帰

（出典）厚生労働省雇用均等・児童家庭局家庭福祉課仮訳
　　　　http://www.mhlw.go.jp/bunya/kodomo/syakaiteki_yougo/dl/yougo_genjou_16.pdf

▶児童福祉法（昭和22年法律第164号）

最終更新：平成29年6月23日公布（平成29年法律第71号）改正

（目次）
第1章　総則（第1条-第3条）
　第1節　国及び地方公共団体の責務（第3条の2・第3条の3）
　第2節　定義（第4条-第7条）
　第3節　児童福祉審議会等（第8条・第9条）
　第4節　実施機関（第10条-第12条の6）
　第5節　児童福祉司（第13条-第15条）
　第6節　児童委員（第16条-第18条の3）
　第7節　保育士（第18条の4-第18条の24）

第2章　福祉の保障
　第1節　療育の指導、小児慢性特定疾病医療費の支給等
　　第1款　療育の指導（第19条）
　　第2款　小児慢性特定疾病医療費の支給
　　　第1目　小児慢性特定疾病医療費の支給（第19条の2-第19条の8）
　　　第2目　指定小児慢性特定疾病医療機関（第19条の9-第19条の21）
　　　第3目　小児慢性特定疾病児童等自立支援事業（第19条の22）
　　第3款　療育の給付（第20条-第21条の3）
　　第4款　雑則（第21条の4・第21条の5）
　第2節　居宅生活の支援
　　第1款　障害児通所給付費、特例障害児通所給付費及び高額障害児通所給付費の支給（第21条の5の2-第21条の5の14）
　　第2款　指定障害児通所支援事業者（第21条の5の15-第21条の5の24）
　　第3款　業務管理体制の整備等（第21条の5の25-第21条の5の27）
　　第4款　肢体不自由児通所医療費の支給（第21条の5の28-第21条の5の31）
　　第5款　障害児通所支援及び障害福祉サービスの措置（第21条の6・第21条の7）
　　第6款　子育て支援事業（第21条の8-第21条の17）
　第3節　助産施設、母子生活支援施設及び保育所への入所等（第22条-第24条）
　第4節　障害児入所給付費、高額障害児入所給付費及び特定入所障害児食費等給付費並びに障害児入所医療費の支給
　　第1款　障害児入所給付費、高額障害児入所給付費及び特定入所障害児食費等給付費の支給

　　　　（第24条の2-第24条の8）
　　第2款　指定障害児入所施設等（第24条の9-第24条の19）
　　第3款　業務管理体制の整備等（第24条の19の2）
　　第4款　障害児入所医療費の支給（第24条の20-第24条の23）
　　第5款　障害児入所給付費、高額障害児入所給付費及び特定入所障害児食費等給付費並びに障害児入所医療費の支給の特例（第24条の24）
　第5節　障害児相談支援給付費及び特例障害児相談支援給付費の支給
　　第1款　障害児相談支援給付費及び特例障害児相談支援給付費の支給（第24条の25-第24条の27）
　　第2款　指定障害児相談支援事業者（第24条の28-第24条の37）
　　第3款　業務管理体制の整備等（第24条の38-第24条の40）
　第6節　要保護児童の保護措置等（第25条-第33条の9の2）
　第7節　被措置児童等虐待の防止等（第33条の10-第33条の17）
　第8節　雑則（第34条・第34条の2）

第3章　事業、養育里親及び養子縁組里親並びに施設（第34条の3-第49条）

第4章　費用（第49条の2-第56条の5）

第5章　国民健康保険団体連合会の児童福祉法関係業務（第56条の5の2-第56条の5の4）

第6章　審査請求（第56条の5の5）

第7章　雑則（第56条の6-第59条の8）

第8章　罰則（第60条-第62条の7）

附則

(出典)
電子政府総合窓口
http://elaws.e-gov.go.jp/search/elawsSearch/elaws_search/lsg0500/detail?lawId=322AC0000000164

▶児童虐待の防止等に関する法律（平成12年法律第82号）

最終更新： 平成29年6月21日公布（平成29年法律第69号）改正

第1条　（目的）
第2条　（児童虐待の定義）
第3条　（児童に対する虐待の禁止）
第4条　（国及び地方公共団体の責務等）
第5条　（児童虐待の早期発見等）
第6条　（児童虐待に係る通告）
第7条
第8条　（通告又は送致を受けた場合の措置）
第8条の2　（出頭要求等）
第9条　（立入調査等）
第9条の2　（再出頭要求等）
第9条の3　（臨検、捜索等）
第9条の4　（臨検又は捜索の夜間執行の制限）
第9条の5　（許可状の提示）
第9条の6　（身分の証明）
第9条の7　（臨検又は捜索に際しての必要な処分）
第9条の8　（臨検等をする間の出入りの禁止）
第9条の9　（責任者等の立会い）
第10条　（警察署長に対する援助要請等）
第10条の2　（調書）
第10条の3　（都道府県知事への報告）
第10条の4　（行政手続法の適用除外）
第10条の5　（審査請求の制限）
第10条の6　（行政事件訴訟の制限）
第11条　（児童虐待を行った保護者に対する指導等）
第12条　（面会等の制限等）
第12条の2
第12条の3
第12条の4
第13条　（施設入所等の措置の解除等）
第13条の2　（施設入所等の措置の解除時の安全確認等）

第 13 条の 3　（児童虐待を受けた児童等に対する支援）

第 13 条の 4　（資料又は情報の提供）

第 13 条の 5　（都道府県児童福祉審議会等への報告）

第 14 条　（親権の行使に関する配慮等）

第 15 条　（親権の喪失の制度の適切な運用）

第 16 条　（延長者等の特例）

第 17 条　（大都市等の特例）

第 18 条　（罰則）

第 19 条

附　　則

（出典）
電子政府総合窓口
http://elaws.e-gov.go.jp/search/elawsSearch/elaws_search/lsg0500/detail?lawId=412AC1000000082&openerCode=1

▶要保護児童対策地域協議会設置・運営指針について

雇児発第 0225001 号　平成 17 年 2 月 25 日
雇児発 0331 第 46 号　平成 29 年 3 月 31 日改正

（目次）
第 1 章　要保護児童対策地域協議会の基本的な考え方
　1.　要保護児童対策地域協議会とは
　2.　要保護児童対策地域協議会の意義
　3.　児童福祉法における過去の改正経過
　4.　支援対象者
　5.　児童福祉法第 10 条の 2 に規定する市区町村子ども家庭総合支援拠点との関係

第 2 章　要保護児童対策地域協議会の運営方法等
　1.　設置主体
　2.　構成員
　3.　設置準備
　4.　公示

第 3 章　要保護児童対策地域協議会の機能
　1.　業務内容
　2.　相談から支援に至るまでの流れ
　3.　関係機関に対する協力要請
　4.　関係するネットワーク等
　5.　支援の終結
　6.　転居への対応

第 4 章　要保護児童対策調整機関
　1.　趣旨
　2.　調整機関の指定
　3.　調整機関の職員
　4.　調整担当者に求められる専門性
　5.　調整機関の業務
　6.　養育支援訪問事業等との関係

第 5 章　守秘義務
1. 趣旨
2. 守秘義務の適用範囲
3. 罰則

第 6 章　支援対象児童等への対応上の留意事項
1. 要保護児童について
2. 要支援児童について
3. 特定妊婦について
4. 地域協議会における要支援児童等（特定妊婦を含む）に係る適切な情報提供及び支援の周知について
5. その他支援が必要な子どもについて

第 7 章　その他

（出典）
厚生労働省雇用均等・児童家庭局長通知
http://www.mhlw.go.jp/file/06-Seisakujouhou-11900000-Koyoukintoujidoukateikyoku/0000161701.pdf

▶児童相談所運営指針

児発第 133 号　平成 2 年 3 月 5 日
子発 1025 第 1 号　平成 30 年 10 月 25 日

（目次）
第 1 章　児童相談所の概要
　第 1 節　児童福祉法の理念
　第 2 節　児童相談所の性格と任務
　第 3 節　児童相談所の業務
　第 4 節　相談の種類とその対応
　第 5 節　援助指針（援助方針）の重要性
　第 6 節　関係機関との協働・連携・役割分担の重要性

第 2 章　児童相談所の組織と職員
　第 1 節　組織の標準
　第 2 節　各部門の業務分担
　第 3 節　職員構成
　第 4 節　各職員の職務内容
　第 5 節　職員の資格、研修等

第 3 章　相談、調査、診断、判定、援助決定業務
　第 1 節　相談援助活動の原則
　第 2 節　相談の受付と受理会議
　第 3 節　調　査
　第 4 節　診　断
　第 5 節　判　定
　第 6 節　援助方針会議
　第 7 節　都道府県児童福祉審議会への意見聴取
　第 8 節　被措置児童虐待

第 4 章　援助
　第 1 節　援助の種類
　第 2 節　在宅指導等
　第 3 節　養子縁組

第 4 節　里親
第 5 節　小規模住居型児童養育事業（ファミリーホーム）
第 6 節　児童福祉施設入所措置、指定発達支援医療機関委託
第 7 節　児童自立生活援助の実施（自立援助ホーム）
第 8 節　福祉事務所送致等
第 9 節　家庭裁判所送致
第 10 節　家庭裁判所に対する家事審判の申立て
第 11 節　その他未成年者に対する援助

第 5 章　一時保護

第 6 章　事業に係る留意事項
第 1 節　家庭、地域に対する援助等
第 2 節　巡回相談
第 3 節　児童虐待防止対策支援事業
第 4 節　ひきこもり等児童福祉対策事業
第 5 節　1 歳 6 か月児、3 歳児精密健康診査及び事後指導
第 6 節　障害児（者）に対する事業
第 7 節　特別児童扶養手当、療育手帳に係る判定事務等
第 8 節　虐待を受けた子ども等の保護のための住民基本台帳の閲覧等における支援措置

第 7 章　市町村との関係
第 1 節　市町村の業務
第 2 節　都道府県（児童相談所）と市町村の協働・連携・役割分担の基本的考え方
第 3 節　市町村における必要な支援を行うための拠点（市区町村子ども家庭総合支援拠点）の整備
第 4 節　その他

第 8 章　各種機関との連携
第 1 節　各種機関との連携の重要性
第 2 節　要保護児童対策地域協議会（子どもを守る地域ネットワーク）
第 3 節　福祉事務所との関係
第 4 節　子育て世代包括支援センターとの関係
第 5 節　保健所、市町村保健センター等との関係
第 6 節　民生委員・児童委員（主任児童委員）との関係
第 7 節　児童家庭支援センターとの関係
第 8 節　知的障害者更生相談所及び身体障害者更生相談所並びに発達障害者支援センターとの

　　　　　　関係
　　第9節　里親等又は児童福祉施設等との関係
　　第10節　保育所、幼保連携型認定こども園との関係
　　第11節　家庭裁判所との関係
　　第12節　弁護士、弁護士会との関係
　　第13節　学校、教育委員会との関係
　　第14節　警察との関係
　　第15節　医療機関との関係
　　第16節　婦人相談所との関係
　　第17節　配偶者暴力相談支援センターとの関係
　　第18節　子ども・若者総合相談センター、地域若者サポートステーションとの関係
　　第19節　法務局及び人権擁護委員との関係
　　第20節　民間団体との関係
　　第21節　その他の機関との関係

第9章　児童相談所の設備、器具、必要書類
　　第1節　設備等
　　第2節　器具等
　　第3節　必要書類
　　第4節　統計
　　第5節　検証（子ども虐待による死亡事例等の検証）

（出典）
厚生省児童家庭局長通知
http://www.mhlw.go.jp/file/06-Seisakujouhou-11900000-Koyoukintoujidoukateikyoku/zenbun_1.pdf

▶「市町村子ども家庭支援指針」（ガイドライン）

雇児発 0331 第 47 号　平成 29 年 3 月 31 日
子発 0720 第 7 号　平成 30 年 7 月 20 日

（目次）
第 1 章　市町村における子ども家庭支援の基本
　第 1 節　児童福祉法の理念及び子ども家庭支援
　　1．児童福祉法の理念
　　2．児童の権利に関する条約と子ども家庭支援のあり方
　第 2 節　市町村における子ども家庭支援の基本
　　1．基本的考え方
　　2．市町村に求められる機能
　　3．市町村と都道府県の協働・連携・役割分担の基本的考え方
　第 3 節　市町村における子ども家庭支援に求められる専門性
　　1．基本的考え方
　　2．子ども家庭相談
　　3．子ども虐待対応
　　4．ネットワークにおける支援
　第 4 節　市区町村子ども家庭総合支援拠点の整備
　　1．支援拠点の設置趣旨
　　2．支援拠点の実施主体
　第 5 節　要保護児童対策地域協議会の役割・機能
　　1．要保護児童対策地域協議会とは
　　2．要保護児童対策地域協議会の意義

第 2 章　子ども家庭支援における市町村（支援拠点）の具体的な業務
　第 1 節　支援対象
　第 2 節　子ども家庭支援全般に係る業務
　　1．虐待予防・早期発見に視点を置いた支援
　　2．子ども家庭支援全般に係る業務
　第 3 節　要支援児童及び要保護児童等並びに特定妊婦等への支援業務
　　1．子ども家庭相談の流れ
　　2．相談・通告の受付
　　3．相談・通告直後の対応

4. 受理会議（緊急受理会議）
5. 調査
6. アセスメント
7. 支援計画の作成等
8. 支援及び指導等
9. 児童記録票の作成
10. 支援の終結
11. 転居への対応

第4節　特定妊婦の把握と支援
1. 特定妊婦の把握
2. 特定妊婦への支援の留意点
3. 特定妊婦への具体的な支援
4. 医療機関との連携

第5節　関係機関との連絡調整
1. 関係機関との連携の重要性
2. 要保護児童対策地域協議会の活用
3. 児童相談所との協働、連携の必要性
4. 他関係機関、地域における各種協議会等との連携

第6節　その他の必要な支援
1. 一時保護又は施設入所等の措置解除前後の支援（アフターケア）
2. 里親、養子縁組家庭への支援
3. 「居住実態が把握できない児童」への対応

第3章　相談種別ごとの対応のあり方
第1節　保健相談
1. 妊娠期より発生する相談
2. 出産直後より発生する相談
3. 子育て期の相談
4. 乳児家庭全戸訪問事業における継続訪問事例と教育委員会等との連携

第2節　育成相談
1. 子育て相談（育児・しつけ相談）
2. 不登校
3. ひきこもり
4. いじめ

第3節　障害相談
1. 障害児の定義・支援内容
2. 障害相談の考え方と支援のあり方

3. 障害のある保護者への支援
　第4節　養護相談
　第5節　非行相談
　　1. 非行相談の分類
　　2. 非行問題の理解

第4章　都道府県（児童相談所）との関係
　第1節　児童相談所の概要
　　1. 所掌事務
　　2. 設置状況
　　3. 職員配置
　第2節　市町村と都道府県（児童相談所）の協働・連携・役割分担
　　1. 児童相談所への送致
　　2. 児童相談所長（都道府県知事）への通知
　　3. 都道府県（児童相談所）からの送致及び通知
　　4. 都道府県（児童相談所）の指導措置について委託を受けて行う指導の実施
　　5. 保育の利用等
　　6. 障害児への支援
　　7. 子ども・子育て支援事業
　　8. 乳幼児健康診査
　第3節　事案送致への対応
　　1. 市町村から都道府県（児童相談所）への事案送致
　　2. 都道府県（児童相談所）から市町村への事案送致
　第4節　児童虐待による児童相談所と市町村の共通リスクアセスメントツールの活用
　　1. 総合的な観点からのアセスメントの実施
　　2. 十分な説明と見通しの提示
　第5節　都道府県（児童相談所）の指導措置について委託を受けての対応
　　1. 市町村による支援等を行うことが考えられる具体的事例
　　2. 市町村により支援等を行う上での留意事項
　第6節　児童福祉審議会における子どもの権利擁護
　第7節　都道府県（児童相談所）の支援

第5章　関係機関等との連携
　第1節　福祉事務所（家庭児童相談室）との関係
　　1. 福祉事務所の概要
　　2. 家庭児童相談室の概要
　　3. 連携の内容とあり方

第2節 子育て世代包括支援センターとの関係
  1. 子育て世代包括支援センターの概要
  2. 連携の内容とあり方
第3節　学校、教育委員会等との関係
  1. 学校（幼稚園、小・中・高等学校等）との関係
  2. 教育委員会等との関係
第4節　保育所、幼保連携型認定こども園との関係
第5節　保健所、市町村保健センターとの関係
  1. 保健所の概要
  2. 市町村保健センターの概要
  3. 連携の内容とあり方
第6節　子ども・子育て支援事業との関係
  1. 地域子ども・子育て支援事業の概要
  2. 連携の内容とあり方
第7節　民生委員・児童委員（主任児童委員）との関係
  1. 民生委員・児童委員の概要
  2. 主任児童委員の概要
  3. 連携の内容とあり方
第8節　児童家庭支援センターとの関係
  1. 児童家庭支援センターの概要
  2. 児童家庭支援センターの業務
  3. 連携の内容とあり方
第9節　障害児支援実施事業所等、発達障害者支援センター等との関係
  1. 障害児支援実施事業所等との関係
  2. 発達障害者支援センターとの関係
  3. 知的障害者更生相談所、身体障害者更生相談所との関係
  4. 支援拠点及び要保護児童対策地域協議会との関係
  5. 障害のある保護者への支援
第10節　児童福祉施設（保育所、児童家庭支援センター等を除く。）との関係
  1. 助産及び母子保護の実施
  2. 児童福祉施設における支援業務
  3. 児童福祉施設に関する状況の把握
第11節　里親、養子縁組家庭との関係
  1. 里親の概要
  2. 養子縁組家庭の概要
  3. 連携の内容とあり方
第12節　自立援助ホームとの関係

1. 自立援助ホームの概要
　　2. 連携の内容とあり方
　第13節　子ども・若者総合相談センター、地域若者サポートステーションとの関係
　　1. 子ども・若者総合相談センターの概要
　　2. 地域若者サポートステーションの概要
　　3. 連携の内容とあり方
　第14節　警察等との関係
　　1. 警察の業務及び市町村（支援拠点）との関係
　　2. 要保護児童（虐待を受けたと思われる子どもを含む。）への対応
　　3. 非行少年への対応
　　4. いじめ問題への対応
　　5. 「居住実態が把握できない児童」への対応
　第15節　医療機関との関係
　第16節　婦人相談所との関係
　第17節　配偶者暴力相談支援センターとの関係
　　1. 配偶者暴力相談支援センターの概要
　　2. 連携の内容とあり方
　第18節　法務局、人権擁護委員との関係
　第19節　民間団体との関係
　第20節　公共職業安定所との関係
　第21節　社会福祉協議会との関係
　第22節　庁内の関係部局との関係

第6章　子ども家庭支援における市町村（支援拠点）の体制
　第1節　支援拠点の類型
　第2節　職員配置等
　　1. 主な職員
　　2. 主な職務、資格等
　　3. 配置人員等
　第3節　人材の確保・育成
　　1. 必要な職員の確保
　　2. 人材育成

第7章　子ども家庭支援における市町村（支援拠点）の設備、器具、統計、検証
　第1節　設備等
　第2節　器具等
　第3節　統計

1．福祉行政報告例
　2．その他
第4節　死亡事例等の検証
　1．検証の目的
　2．検証対象の範囲
　3．再発防止のための検証の確実な実施
　4．検証に関する会議の開催
　5．検証報告の積極的な活用

（出典）
厚生労働省雇用均等・児童家庭局長通知
http://www.mhlw.go.jp/file/06-Seisakujouhou-11900000-Koyoukintoujidoukateikyoku/0000161704.pdf

▶子ども虐待対応の手引き（平成25年8月　改正版）

厚生労働省雇用均等・児童家庭局総務課

（目次）※抜粋
はじめに
第1章　子ども虐待の援助に関する基本事項
  1. 子ども虐待とは何か
  2. 子ども虐待対応の基本的考え方
  3. 子ども虐待対応の原則
  4. 子どもに対する支援の基本
  5. 子ども虐待対応の枠組み
  6. 守秘義務と情報提供について
  7. 転居した事例への対応

第2章　虐待の発生を予防するために
  1. 子ども虐待問題を発生予防の観点から考えることの重要性（子ども虐待はなぜ起こるのか）
  2. 虐待に至るおそれのある要因とアセスメント
  3. 市区町村の子育て支援策
  4. 市区町村における医療・保健・福祉の連携

第3章　通告・相談の受理はどうするか
  1. 通告・相談時に何を確認すべきか
  2. 市区町村から児童相談所への送致等をどうするか

第4章　調査及び保護者と子どもへのアプローチをどう進めるか
  1. 調査（安全確認）における留意事項は何か
  2. 虐待の告知をどうするか
  3. 保護者と援助関係を結ぶためのさまざまなアプローチ
  4. 訪問調査を受け入れない保護者への対応
  5. 子どもからの事実確認（面接・観察）はどのように行うか
  6. 立入調査及び出頭要求並びに臨検・捜索等の要否をどう判断するか
  7. 立入調査をどう進めるか
  8. 出頭要求から臨検・捜索をどう進めるか
  9. 性的虐待への対応について

第5章　一時保護

1. 一時保護の目的は何か
2. 一時保護の速やかな実施
3. 虐待が疑われる事例への対応の流れ
4. リスクアセスメントシートによる一時保護の要否判断
5. 職権による一時保護の留意点は何か
6. 一時保護の説明
7. 一時保護所入所中の子どもに対する援助のあり方
8. 一時保護中に保護者が面会を希望する場合の対応
9. 保護者の強引な引取要求への対応
10. 家庭復帰させる場合の子ども・保護者への指導上の留意点
11. 委託一時保護の留意点
12. 一時保護が2か月を越える場合の対応

第6章　診断・判定及び援助方針の決定をどのように行うか

1. 各種診断はどのように行うか
2. 判定（総合診断）はどのように行うか
3. 援助方針はどのように作成するか
4. 援助方針について保護者、子どもにどう説明するか
5. 児童相談所の援助方針を受け入れない保護者への対応

第7章　親子分離に関わる法的対応をどう進めるか

1. 法的分離にはどのようなものがあるか
2. 家庭裁判所による子どもの里親等委託又は児童福祉施設等への入所の承認——いわゆる児童 福祉法第28条手続
3. 家庭裁判所による親権喪失、親権停止及び管理権喪失の審判並びにこれらの審判の取消しの請求
4. 児童相談所長の権限と親権との関係
5. 法的分離手続の実際

第8章　児童福祉審議会の意見聴取をどう進めるか

1. どのような事例を児童福祉審議会に諮るか
2. 児童福祉審議会の意見聴取の手続はどのように行うか

第9章　在宅における援助をどう行うか

1. 在宅援助の基本的考え方と方法
2. 関係機関との連携による支援

3. 要保護児童対策地域協議会の活用

第10章　施設入所及び里親等委託中の援助
1. 施設入所中及び里親等委託中の子どもとその家庭への関わり
2. 子どもへの人権侵害行為に関する対応
3. 家族再統合に向けた取組み
4. 家族再統合プログラムの考え方と実際
5. 家庭復帰の際の支援

第11章　児童相談所の決定に対する不服申立てについて
1. 行政不服審査とは何か
2. 行政不服申立てにどう対応するか

第12章　関係機関との協働
1. 福祉事務所（家庭児童相談室）との連携
2. 市区町村の母子保健部門との連携
3. 児童委員との連携
4. 児童家庭支援センターとの連携
5. 保育所、幼稚園・小学校・中学校等との連携
6. 医療機関との連携
7. 警察との連携
8. 弁護士との連携
9. 家庭裁判所との連携
10. 配偶者暴力相談支援センター及び婦人相談所（女性相談所・女性相談センター）との連携
11. 民間虐待防止団体との連携

第13章　特別な視点が必要な事例への対応
1. きょうだい事例への対応
2. アルコール依存・薬物依存等の保護者への対応
3. 精神疾患が疑われる事例への介入と対応
4. 特定妊婦や飛び込み出産への対応
5. 乳幼児揺さぶられ症候群（シェイクン・ベビー・シンドローム）が疑われる場合の対応
6. 代理によるミュンヒハウゼン症候群（Munchausen Syndrome by Proxy、以下　MSBP）への対応
7. 転居を繰り返す事例への対応
8. 配偶者からの暴力のある家庭への支援のあり方
9. ステップファミリーの事例への対応

10. 18歳若しくは19歳の子どもへの対応
11. 性的虐待を受けた子どもとその保護者への支援
12. ネグレクト事例への対応
13. 心中事例に対する考え方

第14章　虐待重大事例に学ぶ
1. 重大事例に関する検証の必要性と枠組み
2. 虐待対応上の主なポイント
3. その他の対応上のポイント
4. 自治体による検証のあり方

参考資料
1. 子ども虐待への取り組みの沿革
2. 調査において有用な身体医学的知識
3. 医学診断の留意点

参考文献

執筆協力者等一覧

(出典)
厚生労働省労働雇用均等・児童局総務課
http://www.mhlw.go.jp/seisakunitsuite/bunya/kodomo/kodomo_kosodate/dv/dl/130823-01c.pdf

▶子育て世代包括支援センター業務ガイドライン

平成 29 年 8 月

（目次）
本ガイドライン案の位置付け・見直しについて

第1　はじめに
　1. 子育て世代への支援を巡る状況
　2. 子育て世代包括支援センターの理念

第2　子育て世代包括支援センターの役割
　1. 子育て世代包括支援センターの役割
　2. 子育て世代包括支援センターの位置付け
　3. 子育て世代包括支援センターの支援対象者
　4. 子育て世代包括支援センターにおける支援

第3　業務実施のための環境整備
　1. 実施体制の確保
　　（1）複数の機能を集結した子育て世代包括支援センター
　　（2）職員の確保
　　（3）関係機関・関係者との連携体制の整備
　　（4）委託事業者の管理
　2. 情報の管理と守秘義務の徹底
　3. 子育て世代包括支援センターの利用促進のための取組
　　（1）子育て世代包括支援センターの周知
　　（2）オープンでありながらもプライバシーに配慮した環境作り
　4. 妊産婦や保護者と継続的な関係を築くための取組

第4　各業務の基本的考え方と具体的内容
　1. 子育て世代包括支援センターの主な業務
　2. 継続的な状況の把握
　　（1）基本的な考え方
　　（2）継続的な状況の把握のための取組
　　（3）支援台帳の作成・管理方法

3. 妊産婦や保護者への情報提供・助言
   (1) 相談対応
   (2) 妊産婦・乳幼児等の状況やニーズに応じた情報提供・助言
4. 支援プランの策定
   (1) 基本的な考え方
   (2) 支援プランの対象者について
   (3) 支援プランの内容
   (4) 支援プランの策定
   (5) 支援プランの評価
5. 保健医療又は福祉の関係機関との連絡調整
   (1) 連携の重要性
   (2) 市区町村子ども家庭総合支援拠点、要保護児童対策地域協議会との連携

第5 事業評価の視点

第6 参考資料(様式例)
1. 支援台帳の例
2. 個別の妊産婦や乳幼児等に関する記録(個人記録)の例
3. 利用計画(セルフプラン)の例
4. 支援プランの例
5. 関係機関との連絡様式の例

(出典)
厚生労働省
http://www.mhlw.go.jp/file/04-Houdouhappyou-11908000-Koyoukintoujidoukateikyoku-Boshihokenka/senta-gaidorain.pdf

▶「市区町村子ども家庭総合支援拠点」設置運営要綱

雇児発 0331 第 49 号
平成 29 年 3 月 31 日

1. 趣旨・目的

2. 実施主体

3. 対 象

4. 業務内容
   (1) 子ども家庭支援全般に係る業務
   (2) 要支援児童及び要保護児童等並びに特定妊婦等への支援業務
   (3) 関係機関との連絡調整
   (4) その他の必要な支援

5. 設置形態等
   (1) 類 型
   (2) 運営方法等

6. 職員配置等
   (1) 主な職員
   (2) 主な職務、資格等
   (3) 配置人員等
   (4) 人材育成

7. 設備・器具
   (1) 設備等
   (2) 器具等

8. 留意事項

9. 費 用

（別表）

（別紙）

（出典）
厚生労働省雇用均等・児童家庭局長通知
http://www.mhlw.go.jp/file/06-Seisakujouhou-11900000-Koyoukintoujidoukateikyoku/0000161700.pdf

「児童福祉司等の義務研修テキスト作成に関する調査研究会」委員一覧

〈2018年3月31日 時点〉

（五十音順、◎は代表、○は編集グループ）

愛沢隆一	（あいざわ りゅういち）	公益社団法人埼玉県社会福祉士会 理事
○安部計彦	（あべ かずひこ）	西南学院大学 教授
有村大士	（ありむら たいし）	日本社会事業大学 准教授
内田宏明	（うちだ ひろあき）	日本社会事業大学 准教授
岡田崇弘	（おかだ たかひろ）	茨城県中央児童相談所 所長
加藤曜子	（かとう ようこ）	流通科学大学 教授
◎金子恵美	（かねこ めぐみ）	日本社会事業大学 教授
川﨑二三彦	（かわさき ふみひこ）	子どもの虹情報研修センター センター長
川松 亮	（かわまつ あきら）	子どもの虹情報研修センター 研究部長
木村容子	（きむら ようこ）	日本社会事業大学 准教授
小出太美夫	（こいで たみお）	子どもの虹情報研修センター 専門相談室室長
才村 純	（さいむら じゅん）	東京通信大学設立準備室 TOU 学術研究センター 主幹研究員
坂入健二	（さかいり けんじ）	葛飾区子育て支援部子ども家庭支援課子ども家庭支援担当 係長
○佐竹要平	（さたけ ようへい）	日本社会事業大学 専任講師
鹿野誠一	（しかの せいいち）	旭川大学 教授
鈴木 淳	（すずき あつし）	静岡県健康福祉部こども未来局こども家庭課こども家庭班 班長
高三潴晋	（たかみずま すすむ）	熊本県中央児童相談所 所長
田﨑みどり	（たさき みどり）	横浜市中央児童相談所 担当部長
田代健一	（たしろ けんいち）	新潟県中央児童相談所 所長
塚田由美	（つかだ ゆみ）	長野県県民文化部こども・家庭課 こども支援幹
土橋俊彦	（つちはし としひこ）	神奈川県小田原児童相談所 所長
土渕美知子	（つちぶち みちこ）	北海道函館児童相談所 元所長
中板育美	（なかいた いくみ）	日本看護協会 常任理事
中垣真通	（なかがき まさみち）	子どもの虹情報研修センター 研修課長
福山和女	（ふくやま かずめ）	ルーテル学院大学 名誉教授
○藤岡孝志	（ふじおか たかし）	日本社会事業大学 教授
藤林武史	（ふじばやし たけし）	福岡市こども総合相談センター 所長
星野崇啓	（ほしの たかひろ）	さいたま子どものこころクリニック 院長
米澤克徳	（まいさわ かつのり）	岩手県福祉総合相談センター 児童福祉司
前橋信和	（まえはし のぶかず）	関西学院大学 教授
○増沢 高	（ますざわ たかし）	子どもの虹情報研修センター 研修部長
松場敬一	（まつば けいいち）	群馬県中央児童相談所 所長
○宮島 清	（みやじま きよし）	日本社会事業大学 准教授
八木安理子	（やぎ ありこ）	枚方市こども総合相談センター 所長

「要保護児童対策調整機関専門職研修テキスト」執筆者一覧

(五十音順)

青木　建	(あおき　たつる)	国立武蔵野学院　院長
秋山千枝子	(あきやま　ちえこ)	あきやま子どもクリニック　院長
安部計彦	(あべ　かずひこ)	西南学院大学　教授
有村大士	(ありむら　たいし)	日本社会事業大学　准教授
内田宏明	(うちだ　ひろあき)	日本社会事業大学　准教授
金子恵美	(かねこ　めぐみ)	日本社会事業大学　教授
木村容子	(きむら　ようこ)	日本社会事業大学　教授
久保田まり	(くぼた　まり)	東洋英和女学院大学　教授
才村　純	(さいむら　じゅん)	東京通信大学　教授
坂入健二	(さかいり　けんじ)	葛飾区子育て支援部子ども家庭支援課子ども家庭支援担当　係長
佐竹要平	(さたけ　ようへい)	日本社会事業大学　准教授
鹿野誠一	(しかの　せいいち)	旭川大学　教授
渋谷行成	(しぶや　ゆきなり)	玉川大学　教授
鈴木　淳	(すずき　あつし)	静岡県健康福祉部こども未来局こども家庭課こども家庭班　班長
曽根直樹	(そね　なおき)	日本社会事業大学　准教授
田﨑みどり	(たさき　みどり)	横浜市中央児童相談所　担当部長
田中　哲	(たなか　さとし)	東京都立小児総合医療センター児童・思春期精神科　副院長
都留和光	(つる　かずみつ)	二葉乳児院　院長
中板育美	(なかいた　いくみ)	武蔵野大学　教授
楢原真也	(ならはら　しんや)	児童養護施設子供の家　治療指導担当職員
平野方紹	(ひらの　まさあき)	立教大学　教授
藤岡孝志	(ふじおか　たかし)	日本社会事業大学　教授
藤林武史	(ふじばやし　たけし)	福岡市こども総合相談センター　所長
星野崇啓	(ほしの　たかひろ)	さいたま子どものこころクリニック　院長
増沢　高	(ますざわ　たかし)	子どもの虹情報研修センター　研修部長
宮島　清	(みやじま　きよし)	日本社会事業大学　教授
八木安理子	(やぎ　ありこ)	枚方市子ども総合相談センター青少年部　次長
矢内陽子	(やない　ようこ)	里親センターひこばえ　担当責任者
山縣文治	(やまがた　ふみはる)	関西大学　教授
山本恒雄	(やまもと　つねお)	愛育研究所　客員研究員
若松亜希子	(わかまつ　あきこ)	至誠学園　臨床心理士

[執筆]

- Ⅰ 久保田まり〈❶〉
  - 藤岡孝志〈❸〉
  - 星野崇啓〈❷〉
- Ⅱ 内田宏明〈❶-❷〉
- Ⅲ 才村　純〈❶-❸〉
  - 曽根直樹〈❹-❺〉
  - 平野方紹〈❻〉
- Ⅳ 有村大士〈❶-❸〉
- Ⅴ 有村大士〈❻-❽〉
  - 山縣文治〈❶-❺〉
- Ⅵ 金子恵美〈❶-⓮〉
- Ⅶ 秋山千枝子〈⓫、⓱-⓲〉
  - 安部計彦〈❺-❿、⓮〉
  - 木村容子〈❶-❹〉
  - 田﨑みどり〈⓯、⓳-㉑〉
  - 田中　哲〈⓬-⓭〉
  - 八木安理子〈㉒-㉓〉
  - 山本恒雄〈⓰〉
- Ⅷ 坂入健二〈❶-❻〉
- Ⅸ 宮島　清〈❶-❻〉
  - 八木安理子〈❼-❿〉
- Ⅹ 宮島　清〈❶-❸〉
- Ⅺ 鈴木　淳〈❶-❹〉
- Ⅻ 坂入健二〈❶-❹〉
- ⅩⅢ 中板育美〈❶-❻〉
- ⅩⅣ 青木　建〈❹〉
  - 鹿野誠一〈❷〉
  - 佐竹要平〈❶、❿〉
  - 渋谷行成〈❺〉
  - 都留和光〈❸〉
  - 楢原真也〈⓬〉
  - 藤林武史〈❽-❾〉
  - 増沢　高〈❻、⓭-⓰〉
  - 矢内陽子〈❼〉
  - 若松亜希子〈⓫〉

要保護児童対策調整機関専門職研修テキスト
基礎自治体職員向け

2019年3月30日　初版第1刷発行

編集代表	金子　恵美
編　　集	佐竹　要平
	安部　計彦
	藤岡　孝志
	増沢　　高
	宮島　　清
発行者	大江　道雅
発行所	株式会社　明石書店

〒101-0021　東京都千代田区外神田6-9-5
　　　　　　電　話　03 (5818) 1171
　　　　　　ＦＡＸ　03 (5818) 1174
　　　　　　振　替　00100-7-24505
　　　　　　http://www.akashi.co.jp

装丁　　　　明石書店デザイン室
印刷・製本　日経印刷株式会社

(定価はカバーに表示してあります)　ISBN978-4-7503-4829-2

〈(社)出版者著作権管理機構　委託出版物〉
本書の無断複写は著作権法上での例外を除き禁じられています。複写される場合は、そのつど事前に、(社)出版者著作権管理機構(電話 03-5244-5088、FAX 03-5244-5089、e-mail : info@jcopy.or.jp)の承諾を得てください。

子どものための里親委託・養子縁組の支援
宮島清・林浩康・米沢普子編著
◎2400円

ワークで学ぶ 子ども家庭支援の包括的アセスメント
要保護・要支援・社会的養護児童の適切な支援のために
増沢高著
◎2400円

ネグレクトされた子どもへの支援
理解と対応のハンドブック
安部計彦・加藤曜子・三上邦彦編著
◎2600円

ソーシャルペダゴジーから考える施設養育の新たな挑戦
マーク・スミス、レオン・フルチャー、ピーター・ドラン著　楢原真也監訳
◎2500円

社会的養護の子どもと措置変更
養育の質とパーマネンシー保障から考える
伊藤嘉余子編著
◎2600円

社会的養護のもとで育つ若者の「ライフチャンス」
選択肢とつながりの保障、「生の不安定さ」からの解放を求めて
永野咲著
◎3700円

〈施設養護か里親制度か〉の対立軸を超えて
「新しい社会的養育ビジョン」とこれからの社会的養護を展望する
浅井春夫・黒田邦夫編著
◎2400円

子ども虐待対応におけるサインズ・オブ・セーフティ・アプローチ実践ガイド
子どもの安全(セーフティ)を家族とつくる道すじ
菱川愛・渡邉直・鈴木浩之編著
◎2800円

子育て困難家庭のための多職種協働ガイド
地域での専門職連携教育(IPE)の進め方
ジュリー・テイラー、ジュン・ソウバーン著　西郷泰之訳
◎2500円

保育政策の国際比較
子どもの貧困・不平等に世界の保育はどう向き合っているか
L.ガンバロ、K.スチュワート、J.ウォルドフォーゲル編
山野良一・中西さやか監訳
◎3200円

3000万語の格差
赤ちゃんの脳をつくる、親と保育者の話しかけ
ダナ・サスキンド著　掛札逸美訳　高山静子解説
◎1800円

児童相談所改革と協働の道のり
子どもの権利を中心とした福岡市モデル
藤林武史編著
◎2400円

子どもの権利ガイドブック【第2版】
日本弁護士連合会子どもの権利委員会編
◎3600円

子どもの虐待防止・法的実務マニュアル【第6版】
日本弁護士連合会子どもの権利委員会編
◎3000円

里親と子ども
『里親と子ども』編集委員会編
「里親制度・里親養育とその関連領域に関する専門誌」
◎1500円

やさしくわかる社会的養護シリーズ【全7巻】
相澤仁責任編集
◎各巻2400円

〈価格は本体価格です〉